Arthur Gordon
Geschenke des Himmels

Über den Autor

Arthur Gordon (1912–2002) ist als Autor mehrerer Bücher
bekannt geworden und arbeitete als Journalist in New York.
Er war zeitweise auch Herausgeber von *Reader's Digest* und
anderen Zeitschriften.

Arthur Gordon

Geschenke des Himmels

Die kleinen, wunderbaren Momente des Lebens

Aus dem Englischen
von Antje Balters

GerthMedien

Inhalt

Vorwort

Manchmal verblüfft mich das Leben, irritiert mich, begeistert mich – aber nur manchmal. Ab und zu überwältigt mich ein Augenblick oder schreit mich an, doch *endlich aufzuwachen!* Aber nur ab und zu. Meistens gehe ich einfach nur irgendwie durch den Tag und registriere zwar Dinge und Menschen und Ereignisse, aber ich nehme sie gar nicht wirklich wahr. Ich existiere, aber lebe nicht wirklich. Oft kommt mir das Leben einfach nur normal und nicht unbedingt bemerkenswert vor.

Aber – und vielleicht ist das bei Ihnen ja auch so – es gibt diese seltenen Momente, in denen ich in Berührung mit der Ewigkeit komme, in denen mir plötzlich vor Staunen über diese Welt der Mund offen stehen bleibt. Und dann verblasst alles, was ich gerade wahrgenommen habe, wie ein Regenbogen wieder hinter den Wolken des Alltags, aber es lässt meine Seele ein ganz klein wenig bunter und lebendiger zurück.

Also, ab und zu ist mir bewusst, wie großartig diese Momente sind, die an mir vorbeiziehen, und welche unglaublichen Chancen in ihnen liegen. Aber viel häufiger ist es so, dass ich diese kleineren Wunder des Lebens schlicht und einfach verpasse, weil ich von meinem ganz normalen Alltag so sehr in Beschlag genommen werde.

Und genau deshalb bin ich so dankbar für dieses kleine Buch.

Es hat mir dabei geholfen, wieder wacher zu werden.

In diesem Buch lässt Arthur Gordon den Leser an einer seiner Gaben teilhaben, nämlich an seiner Art, über die Pflichten und Plagen des Alltags, über die immer gleichen Abläufe hinauszublicken – und mit dem Heiligen, dem Geheimnisvollen, der „Unglaublichkeit" ganz gewöhnlicher Momente in Berührung zu kommen. Er sieht eine Bedeutung darin, wenn die Wellen den Sand liebkosen; er bleibt lange genug stehen, um zu hören, wie ihm das Dünengras durch den Wind Geheimnisse zuwispert; er findet geistliche Wegweisung, wenn er bei Regen Holz hackt oder an einem Sonntagnachmittag mühsam ein paar kryptische Worte auf einem vergessenen Grabstein entziffert. Lernen Sie in diesem Buch einen Mann kennen, der die Wunder, von denen das ganz Normale und Alltägliche durchzogen ist, noch wahrnimmt.

Dieses Buch hat in mir ein Wiedererwachen ausgelöst, hat mir neu die Herrlichkeit des Lebens gezeigt, das Arthur Gordon als „großartige Aneinanderreihung von Wundern" bezeichnet.

Für den Autor dieses Buches ist jeder Moment ein Gedicht, das darauf wartet, gelesen zu werden, weil „eine Tragödie nicht das ist, worunter wir leiden, sondern das, was wir verpassen", wie er sagt. Dieser Augenblick hält große Schätze für diejenigen bereit, die bereit sind, sich ganz auf das Leben einzulassen.

Ich glaube, unsere Welt kommt uns oft so profan vor, weil uns alles darin so bekannt ist. Gewohnheit und Routine dämpfen unseren Sinn für die Großartigkeit des Universums, für das Wunder all der Augenblicke, die sich überall um uns her entfalten. Die großen Philosophen, Dichter und Propheten haben das immer schon gewusst und versucht, uns für diese Herrlichkeit und für das Staunen über diese Wunder wieder wach und offen zu machen. Doch meistens schlafen wir zu fest, um ihre Stimmen hören zu können.

Vielleicht tippt Ihnen Arthur Gordon mit seinen Essays sachte auf die Schulter, um Ihre Aufmerksamkeit zu wecken.

Vielleicht werden Sie ja auch richtig wachgerüttelt; so war es jedenfalls bei mir. Ich glaube jedenfalls, dass beides gut ist, und ich denke, dass Sie mir darin zustimmen werden, wenn Sie das Buch zu Ende gelesen haben.

Stephen James

1. Das Geschenk der Selbstlosigkeit

Die meisten Menschen verbringen ihr Leben damit, dem Egoismus zu entkommen. Vielleicht geht es wirklich nur darum. Vielleicht ist das die ganze Herausforderung – das, worum sich eigentlich alles im Leben dreht. Den einen gelingt es besser, diese Herausforderung zu meistern, anderen nicht so gut. Mir kommt es so vor, als ob die Menschen, die dabei am erfolgreichsten sind, auch diejenigen sind, die es gelernt haben, ihre Selbstsucht in etwas umzuwandeln, das man vielleicht als Fürsorge für andere bezeichnen könnte.

Es erfordert Mut, jemand zu werden, der sich um andere kümmert, weil Menschen, die sich kümmern, ein hohes Risiko eingehen, selbst verletzt zu werden. Es ist nicht leicht, sich verletzlich zu machen, die Selbstschutzmechanismen auszuschalten und mit Mitgefühl, Mitleid, Empörung oder Begeisterung auf andere zu reagieren, wenn es doch sehr viel einfacher ist, sich herauszuhalten. Aber Menschen, die dieses Risiko dennoch eingehen, machen eine ungeheuerliche Entdeckung: Je fürsorglicher jemand wird, desto lebendiger wird er.

Die Fähigkeit zu selbstlosem Handeln kann jede Beziehung bereichern und wertvoller machen: die Ehe, die Familie, eine Freundschaft – ja sogar die innige Beziehung, die oft zwischen Mensch und Tier besteht, kann dadurch kostbarer werden. Jeder Mensch wird mit dieser Grundfähigkeit zur Fürsorge geboren, aber ob wir sie weiterentwickeln oder verkümmern lassen, das liegt ganz bei uns.

Wer selbstlos sein und sich um andere kümmern will, muss den Panzer der Gleichgültigkeit ablegen. Er muss bereit sein zu handeln, einen ersten Schritt zu tun.

Eines Abends beobachteten meine kleine Tochter und ich bei Sonnenuntergang, wie langsam die Flut kam. Es war ein stiller Abend, und in der untergehenden Sonne schimmerte alles – auch das Wasser, das wie Blattgold über den trockenen Sand immer näher kam und sich schließlich fast liebkosend um den Fuß einer Düne legte. Und meine Tochter sagte nachdenklich: „Ist es nicht schön, wie sich das Meer um das Land kümmert?"

Sie hatte recht; meine Tochter hatte den unfehlbaren Instinkt eines Kindes: Es war wirklich eine Art der Fürsorge. Die Düne lag einfach passiv da, aber das Meer, das kam und ging, kümmerte sich fürsorglich um das Land. In diesem wunderschönen Bild war die komplette Lektion enthalten: Werde wach, werde aktiv, handele, gehe auf einen Menschen zu, lass dich ganz auf ihn ein und erlebe dadurch selbst Erfüllung.

Die Hochzeit am Meer

Sie wollten von Anfang an keine traditionelle Hochzeit. Keine Brautjungfern, keinen Hochzeitsmarsch, nichts von alledem. „Die alte Sprache und die alten Rituale und Bräuche sind zwar wunderschön", sagte unsere Tochter, „aber sie werden doch von Millionen von Menschen benutzt. Ken und ich möchten etwas ganz Eigenes."

In einer kleinen Stadt wie unserer sind Traditionen wie silberne Ketten – hübsch zwar, aber trotzdem Fesseln.

„Also gut", sagten wir ein wenig zweifelnd, „es ist eure Hochzeit. Wie wollt ihr sie dann feiern?"

„Bei Sonnenuntergang", sagte Dana verträumt und schüttelte ihr langes blondes Haar zurück. „Am Strand, so nah wie möglich am Wasser. Mit einem Pfarrer, der versteht, was wir empfinden, und der ein paar Worte sagen kann, die ins zwanzigste Jahrhundert passen."

Und ihre Mutter fragte sie natürlich: „Und was willst du tragen?"

„Ein langes, weißes Kleid", sagte sie, „und dazu möchte ich einen Brautstrauß aus Strandhafer. Ich werde barfuß gehen, denn ich möchte den Sand unter meinen Füßen spüren. Ich weiß zwar auch nicht genau, warum, aber so will ich es."

Sie will am Strand heiraten, sagte ich mir, weil du ihr beigebracht hast, das Meer zu lieben. Irgendein tiefer Instinkt in ihr weiß, dass das Leben dort, wo Sand und Salzwasser aufeinandertreffen, auf ganz stille Art unglaubliche Botschaften aussendet. Sie folgt diesem Instinkt. Und recht hat sie!

Ich freute mich darüber, aber eine leise, seltsame Vorahnung schien das Vergnügen zu trüben. Das hatte nichts mit Ken zu tun – er war ein feiner Kerl, stark und groß, mit der sportlichen Anmut eines Surfers und einer hoffnungsvollen Laufbahn als Lehrer vor sich. Diese Vorahnung war nicht greifbar, wirklich nicht. *Du hast Angst, sagte ich schließlich irgendwann zu mir selbst, das ist alles. Angst davor, dass etwas sehr Wichtiges in deinem Leben zu Ende geht. Angst, dass vielleicht eine lieb gewordene Nähe verloren geht. Du kannst dieses Gefühl zwar überspielen oder es sogar leugnen, aber du wirst es nicht ganz verdrängen können. Es sitzt zu tief für den Verstand – und zu tief für Worte.*

„Bitte sorgt dafür, dass die Flut zum festgesetzten Termin besonders nah ist, ja?", sagte Dana lächelnd und verabschiedete sich mit einer lockeren Umarmung von uns. „Und kein Gewitter bitte."

„Also, für diese Angelegenheiten bin ich zwar eigentlich nicht zuständig", sagte ich zu ihr. „Aber wir werden tun, was wir können."

Und dann war es so weit. Wir – Freunde, Nachbarn, Verwandte – hatten uns in einem kleinen Natur-Amphitheater, das aus Dünensand errichtet worden war, zusammengefunden. Hinter uns schleuderte die untergehende Sonne bernsteinfarbene Lichtspeere aufs Wasser. Vor uns brandete das eifersüchtige Meer elfenbein-, gold- und jadefarben. Der junge Pfarrer stand vor uns, sein Talar flatterte im Wind, und die Schaumkronen auf den Wellen berührten beinah seine Fersen. Er musste sehr laut sprechen, um das Tosen der Brandung zu übertönen.

„Freunde, wir sind heute hier zusammengekommen, um gemeinsam mit Ken und Dana einen sehr wichtigen Augenblick ihres Lebens zu erleben. An einem Ort wie diesem hier haben sie sich kennen- und lieben gelernt. Jetzt haben sie beschlossen, als Ehepartner miteinander zu leben ..."

An einem Ort wie diesem ... Ich merkte, wie sich in meinem Kopf Bilder formten und wieder auflösten. Es war Jahre her. Genau hier, an dieser Stelle, hatte das ablaufende Wasser in einer Senke einen kleinen Tümpel hinterlassen. Die Dreijährige spielte gerade noch am Rand der Senke und im nächsten Augenblick – unglaublich – war sie verschwunden. Und dann folgte das langsame Begreifen, was passiert war. Mein Herz blieb fast stehen, dann der panische Sprung in das Wasser, um die kleine Gestalt mit einem festen Griff wieder nach oben ins Sonnenlicht heraufzuholen; die überwältigende Erleichterung darüber, dass sie sich an das erinnert hatte, was ihr beigebracht worden war, nämlich unter Wasser die Luft anzuhalten. Sie öffnete ihre großen grauen Augen und die kleine vorwurfsvolle Stimme sagte: „Wieso bist du denn nicht *früher* gekommen? Es ist da unten so dunkel und sprudelig!"

Oder Jahre später, sie war damals vielleicht elf oder zwölf, der Tag, an dem wir dort am Strand einen alten Pelikan gefunden hatten, krank und am ganzen Körper zitternd. Es war nichts mehr zu machen. Wir mussten mit ansehen, wie er starb. Und ich sah, was diese erste bewusste Begegnung mit dem Tod in ihr auslöste. Es war der bohrende Schmerz des Mitleidens, der auf die junge und ungeschützte Seele traf. „Ach", sagte sie schließlich unter Tränen und verzweifelt auf der Suche nach etwas, das ihren Schmerz lindern könnte, „da bin ich aber wirklich froh, dass wir ihn nicht so gut gekannt haben."

Und dann, noch später, die goldenen Nachmittage, an denen sie losging und ganz ernsthaft sagte, sie müsse mit dem Hund raus. Dabei war uns und auch ihr selbst völlig klar, dass sie hoffte, dort am Strand Ken beim Surfen anzutreffen. Damals hatte er sie kaum wahrgenommen, aber sie saß einfach auf einer Düne, die Knie mit den Armen umschlungen, mit einem Herzen voller Sehnsucht und Liebe, den Deutschen Schäferhund regungslos wie eine Statue neben sich sitzend.

An einem Ort wie diesem… Wieso rauscht die Zeit nur so schnell vorbei?, fragte ich mich. *Wieso bleibt nichts, wie es war?*

Die ruhige Stimme des jungen Pfarrers fuhr fort:

„Wir haben euch eingeladen, dabei zu sein, wenn Ken und Dana sich gegenseitig versprechen, die Zukunft gemeinsam anzugehen und dabei alles anzunehmen, was an Frohem und Traurigem vor ihnen liegt. Sie haben sich dazu diese Umgebung nicht zufällig ausgesucht. Wer das Meer liebt, hört den Herzschlag der Schöpfung darin, wenn die Flut kommt und wieder geht; wenn die Sonne auf- und wieder untergeht und wenn abends die Sterne am Himmel erstrahlen. Wir sind dankbar für all die Schönheit, von der wir hier umgeben sind, für die Kraft, die wir dadurch bekommen, für den Frieden, der uns dadurch geschenkt wird."

Ja, dachte ich, die Schönheit gibt wirklich Kraft. Um Beständigkeit zu erlangen, brauchen wir nichts anderes zu tun, als solche Orte aufzusuchen, an denen große, elementare Dinge geschehen. Für manche ist das eben das Meer, für andere wiederum sind es die Berge, die dem Psalmisten Anlass gaben zu schreiben: „Ich hebe meine Augen auf zu den Bergen…"
Jetzt wurde das junge Paar direkt angesprochen:

„Dana und Ken, nichts ist leichter, als Worte zu sagen.
Doch nichts ist schwerer, als das Gesagte dann auch Tag für Tag zu leben.
Was ihr heute versprecht, muss morgen und jeden neuen Tag, der vor euch liegt, bestätigt und von Neuem entschieden werden. Am Ende dieser Trauzeremonie werdet ihr vor dem Gesetz Mann und Frau sein, aber ihr müsst trotzdem jeden Tag wieder neu beschließen, dass ihr verheiratet bleiben wollt."

Ob sie das wohl verstehen?, fragte ich mich und beobachtete die beiden. *Ob sie das wohl jetzt überhaupt erfassen können? Oder wird es, wie bei den meisten von uns, Jahre dauern, bis sie es wirklich begreifen? Und dieses Begreifen wird dann so still und leise kommen, dass sie selbst nicht einmal ganz sicher sind, ob es wirklich da ist…?*
Der junge Pfarrer sagte liebevoll:

„Wir wissen alle, dass ihr euch sehr liebt. Aber was ist Liebe, einmal abgesehen von der Wärme und dem Strahlen, der Erregung und Romantik?

Wahre Liebe heißt, sich um das Wohl und das Glück des Ehepartners genauso zu sorgen wie um das eigene.

Wahre Liebe ist nicht besitzergreifend oder eifersüchtig; sie ist befreiend; sie befreit dazu, ganz und gar man selbst zu werden, und sie bringt das Beste in uns hervor.

Wahre Liebe bedeutet nicht, ganz und gar im anderen aufzugehen, sondern sie bedeutet, gemeinsam in dieselbe Richtung zu schauen.

Liebe macht die Lasten leichter, weil sie die Lasten teilt. Sie macht die Freuden intensiver, weil man sie miteinander teilt. Sie macht uns Menschen stärker, sodass wir auf andere zugehen und am Leben teilhaben können – auf eine Weise, wie man es sich allein wohl nicht trauen würde."

Stimmt, dachte ich. Stimmt alles. Aber man lernt es nicht dadurch, dass man es hört. Man muss es lernen, indem man es lebt, und selbst dann ist noch niemand ein Heiliger und kann mehr als nur Bruchteile davon im eigenen Leben umsetzen. Alles, was wir tun können – und das gilt auch für die Besten von uns –, ist, es zu versuchen. Und selbst das Versuchen ist schwer.

Jetzt war es Zeit für die entscheidenden Fragen, und die Sprache, in der das geschah, gehörte wirklich ins 20. Jahrhundert:

„Ken, willst du Dana zur Frau nehmen? Willst du sie lieben und achten? Willst du immer ehrlich zu ihr sein? Willst du ihr in allem, was auch kommen mag, beistehen? Willst du alles tun, was nötig ist, und bist du bereit, dich so zu verändern und anzupassen, dass du wirklich dein Leben mit ihr teilen kannst?"

„Ja, ich will", sagte der große Junge, und das zarte, schlanke Mädchen gab auf dieselbe Frage auch dieselbe Antwort.

Jetzt fiel der Blick des Geistlichen auf uns.

„Wer führt diese Frau her, dass sie neben diesem Mann steht?"

„Wir", antworteten meine Frau und ich gemeinsam. Weggeben konnten wir unsere Tochter ja nicht, denn sie war nicht unser Besitz. Sie war einzigartig und auf immer und ewig sie selbst. Und wenn wir nicht selbst diese Liebe gemeinsam erlebt hätten, dann stünde sie nicht hier unter dem friedlichen Himmel, nah am rastlosen Meer.

Auch Kens Eltern stellte der Pfarrer die Frage. Und dann kam die Herausforderung für uns alle vier:

„Seid ihr bereit, jetzt und für immer diese Ehe zu unterstützen und euch für sie einzusetzen, indem ihr Ken und Dana mit eurer Liebe und Fürsorge Halt gebt?"

„Ja", antworteten wir wieder, und jetzt waren wir alle Teil der Vereinbarung. Es ging nicht um Bevorzugung, um Parteilichkeit. Lediglich um eine beständige Verteidigung dieses Bundes gegen die finsteren Kräfte, die jede Ehe bedrohen. *Wenigstens das*, so dachte ich, *steht ganz in unserer Macht; so viel können wir tun.*

Einen Moment lang schien völlige Windstille zu herrschen, und der wogende Strandhafer um uns her schien zu erstarren. Ich sah, dass Danas Hand zitterte, als sie sie in Kens legte und auf das uralte Symbol der Treue und Liebe wartete.

„Ich gebe dir diesen Ring", sagte Ken. „Trage ihn mit Liebe und Freude. Ich habe dich zu meiner Frau erwählt, für heute und jeden Tag, der noch kommt."

„Ich nehme diesen Ring", sagte unser Kind mit ganz leiser Stimme – aber der Stimme einer erwachsenen Frau. „Ich werde ihn mit Liebe und Freude tragen. Ich habe dich als meinen Mann erwählt, für heute und jeden Tag, der noch kommt."

Dann herrschte Schweigen. Niemand rührte sich. Die Gesichter der Anwesenden waren berührt von etwas Undefinierbarem, einer Art Zeitlosigkeit, dem Gefühl, dass sich hier das Leben selbst erfüllte und dann weiterging. *Vielleicht beginnt so alles, was von Bedeutung ist,* dachte ich. *Keine Gewissheit. Keine Garantien. Nur eine Entscheidung, eine Absicht, ein Versprechen, eine Hoffnung ...*

Der Pfarrer umfasste die ineinandergelegten Hände des Brautpaares.

„Ken und Dana, wir haben euer Versprechen gehört, euer Leben in der Ehe zu teilen. Wir erkennen den Bund an, den ihr geschlossen habt, und respektieren ihn. Nicht der Pfarrer, der hier vor euch steht, macht eure Ehe real, sondern die Aufrichtigkeit und Verbindlichkeit der Worte, die ihr hier vor euren Freunden und Eltern und vor Gott gesagt habt. Im Namen aller hier Anwesenden nehme ich eure Hände und bestätige, dass ihr jetzt Mann und Frau seid."

Er lächelte und ließ ihre Hände wieder los.

„Jetzt ist die Zeremonie zu Ende, und die Erfahrung, euren Alltag als Ehepaar zu leben, liegt vor euch. Geht es mit Freude an. Liebt das Leben, damit das Leben euch liebt. Der Segen Gottes sei mit euch. Amen."

So sei es, dachte ich und sah zu, wie Dana ihren Mann küsste und sich dann umdrehte, um ihre Mutter zu umarmen. „So sei es!", verkündeten alle Umarmungen und jedes Händeschütteln, jedes aufgeregte Lachen und jede Träne, die geweint wurde. „So sei es", murmelten der Wind und die Wellen.

Und als ich noch einmal den Befürchtungen, die ich gehabt hatte, nachspüren wollte, waren sie nicht mehr da.

Die stille Kraft des Mitgefühls

Vor nicht allzu langer Zeit nahm ich an einem Trauergottesdienst für einen bekannten Geschäftsmann teil. Die Stimmung war gedrückt, und mehrere Freunde von ihm hielten Abschiedsreden, in denen sie ihm Achtung und Anerkennung zollten. Gegen Ende der Feier erhob sich ein junger Mann. Die vorhergehenden Redner waren sicher im Auftreten und redegewandt gewesen, aber dieser hier stand unter großer emotionaler Anspannung und brachte kaum ein Wort heraus. Es wurde ganz still, während er nach Worten rang.

Schließlich erzählte er den versammelten Trauergästen unter Tränen, dass der Verstorbene ihn gefördert hatte, als er noch Laufbursche in dessen Bürogebäude gewesen sei. Der Industrielle habe ihm geholfen, ihn immer wieder ermutigt und ihm seine Ausbildung finanziert.

„Sehr lange", sagte der junge Mann, „habe ich ihm gar nichts gebracht, weder ihm noch sonst jemandem. Ich habe versagt, und zwar nicht nur einmal, sondern immer wieder. Aber er hat mich trotzdem nie aufgegeben – und er hat auch nie zugelassen, dass ich mich selbst aufgebe."

Und er erzählte weiter, dass es nicht schwer sei, einen Menschen zu fördern, der viel Potenzial hat, dass aber nur ganz wenige Menschen an einen Versager glauben könnten. Nun sei einer dieser wenigen Menschen für immer gegangen, und er selbst habe seinen besten Freund verloren. Als schließlich seine Stimme brach und er sich wieder setzte, weinten fast alle Anwesenden, und zwar nicht nur um den Menschen, den sie verloren hatten, sondern auch um den Mann, der so viel von sich preisgegeben hatte. Als sich der Gedenkgottesdienst dem Ende näherte, war ich fest davon überzeugt, dass wir uns alle zum Besseren verändert hatten, dass ein winziger Teil von jedem von uns nie wieder so sein würde wie zuvor.

Später erzählte ich einem Freund, der von Beruf Psychiater ist und auch an der Trauerfeier teilgenommen hatte, was ich empfunden hatte.

„Ja", sagte er nachdenklich, „das war schon bemerkenswert, nicht wahr? Aber genau so etwas kann durch Mitgefühl ausgelöst werden. Es ist die heilsamste aller menschlichen Empfindungen. Wenn wir es nur zulassen würden, könnte dadurch die ganze Welt verändert werden."

Tatsache ist, dass diese Fähigkeit des Mitleidens – und das Wort enthält ja das Wort „leiden" – die Welt bereits verwandelt *hat*, besonders in den vergangenen beiden Jahrhunderten. Durch Mitleid wurden in den USA die Sklaverei und die Kinderarbeit abgeschafft. Mitleid ist die Kraft, durch die Florence Nightingale nach Krimea und Albert Schweitzer nach Afrika kam. Ohne Mitleid gäbe es keine Sozialversicherungssysteme, keine „Ärzte ohne Grenzen", kein „Brot für die Welt", kein Rotes Kreuz und keine Aidshilfe. Es ist bemerkenswert, was Mitgefühl bei dem Menschen bewirken kann, der es empfindet.

Ja, sogar auf Menschen, die es plötzlich und nur vorübergehend verspüren, hat es Auswirkungen. Als junger Mann reiste ich zusammen mit zwei anderen Collegestudenten in den

Frühjahrsferien durch Spanien. In Malaga übernachteten wir in einer Pension, die zwar recht komfortabel, aber irgendwie auch trostlos war. Der Besitzer, der Englisch sprach, war recht wortkarg, und seine Gattin, eine große Frau mit ernstem Blick, trug nur Schwarz und lächelte nie. Im Wohnzimmer der Pension stand ein Konzertflügel, auf dem aber nie gespielt wurde. Die kleine spanische Haushaltshilfe erzählte uns, dass die Señora früher einmal eine berühmte Konzertpianistin gewesen sei, aber vor zwei Jahren sei dann ihr einziges Kind gestorben, und seitdem habe sie den Flügel nicht mehr angerührt.

Während unseres Aufenthaltes besuchten wir eine *Bodega*, einen Weinkeller, in dem Sherry gelagert wird. Der liebenswürdige Besitzer drängte uns, mehrere Sorten zu probieren, was wir auch alle ohne große Gegenwehr taten – mit der Folge, dass wir auf dem ganzen Heimweg sangen und tanzten und herumalberten. Als wir in der Pension ankamen, immer noch fröhlich und übermütig, setzte sich einer von uns an den Flügel und fing an zu spielen, sehr schlecht, und wurde von uns anderen lauthals mit falschem Gesang begleitet.

Plötzlich kam die Haushaltshilfe völlig entsetzt hereingestürmt, gefolgt vom Hausherrn, der in einer flehenden Geste die Hände gen Himmel streckte. „Nein, nein!“, schrie er. „Das dürfen Sie nicht!“ Im selben Augenblick ging eine andere Tür auf und die Señora selbst stand im Zimmer, dunkel und ernst, und durchbohrte uns mit ihrem Blick. Die Musik erstarb auf der Stelle und einen endlos langen Augenblick waren wir alle vor Bestürzung und Verlegenheit wie erstarrt. Aber dann merkte die Frau plötzlich, wie elend uns allen zumute war. Sie trat an den Flügel, schob meinen Freund beiseite, setzte sich und begann zu spielen.

Ich erinnere mich noch, wie die Haushaltshilfe die Hände vor den Mund schlug und aussah, als würde sie jeden Moment in Tränen ausbrechen. Die Señora spielte weiter die herrliche, erhebende Musik, die das ganze Haus erfüllte und die Trauer und ihre Schatten vertrieb. Und obwohl ich damals noch so jung war, wusste ich, dass die Frau jetzt frei war – frei, weil sie Mitgefühl mit uns gehabt hatte und weil die Wärme dieses Mitgefühls das Eis um ihr Herz weggeschmolzen hatte.

Schauen Sie sich nur einmal etwas genauer um, und Sie werden diese heilende Kraft in allen möglichen Situationen entdecken. Eines Tages im letzten Sommer wanderte ich mit zweien unserer Kinder durch die Berge im Norden von Georgia. Wir kamen irgendwann an einer winzigen Hütte vorbei, die an einem Felsvorsprung klebte. Hinter einem Holzzaun arbeitete eine weißhaarige, alte Bergbäuerin in ihrem Garten. Als ich stehen blieb, um ihre Blumen zu bewundern, erzählte sie uns, dass sie hier ganz allein lebe. Meine beiden Stadtkinder betrachteten sie staunend. „Und fühlen Sie sich da nicht einsam?", fragte eines von ihnen.

„Ach", sagte sie, „wenn ich dieses Gefühl habe und Sommer ist, dann bringe ich jemandem Blumen. Wenn ich mich im Winter einsam fühle, dann gehe ich raus und füttere die Vögel." Ein Akt des Mitgefühls – das war ihr instinktives Mittel gegen Einsamkeit. Und es machte sie immun dagegen.

Woher kommt sie, diese Fähigkeit, den Schmerz oder die Trauer eines anderen mitzufühlen? Ich erinnere mich, wie ich im Zusammenhang mit der berühmtesten Mitleidsgeschichte der Welt, dem Gleichnis vom barmherzigen Samariter, einmal einen weisen, alten Pastor fragte: „Aus welchem Grund ist der Samariter wohl so barmherzig geworden?" Ich wollte wissen, warum er so sensibel und aufmerksam geworden war für das, was der verletzte Mann brauchte, während die anderen Reisenden, die den Verletzten am Wegesrand hatten liegen sehen, auf die andere Straßenseite wechselten.

„Ich glaube", sagte der alte Pastor, „es gab drei Dinge, durch die er so mitfühlend geworden ist – er hatte Eigenschaften, die bei uns allen angelegt sind und auch sichtbar würden, wenn wir sie nur mehr einsetzen würden, um sie zu entwickeln und zu festigen. Die erste Eigenschaft war *Einfühlungs-vermögen* – die Fähigkeit also, sich in die Gefühlswelt und die Empfindungen eines anderen Menschen hineinzuverset-zen. Als der Samariter das Opfer der Straßenräuber dort lie-gen sah, betrachtete er den Mann nicht nur, sondern er wurde zu einem Teil von ihm. Diese Identifikation war so stark, dass man vielleicht sagen könnte: Als er hinging, um dem Mann zu helfen, half er damit auch ein Stück weit dem mitleidenden Teil von sich selbst.

Die zweite Eigenschaft, die er hatte, war *Mut*, und den brauchte er auch, weil es nämlich immer Mut erfordert, sich tatsächlich um jemanden oder etwas zu kümmern – das Mit-gefühl in Handeln umzusetzen. Diejenigen, die vorbeigingen oder die Straßenseite wechselten, hatten Angst. Sie fürchte-ten sich vor einer möglichen Herausforderung oder auch vor dem Unbekannten, davor, in eine unangenehme Sache hi-neingezogen zu werden, davor, dass die Räuber vielleicht noch einmal zurückkommen und auch ihnen etwas antun könnten. Der Samariter hatte den Mut, diese Ängste und Be-fürchtungen beiseitezuschieben.

Und ich glaube ganz sicher, dass der dritte Aspekt, der ihn zu einem barmherzigen Menschen machte, die *Gewohnheit zu helfen* war. Dass er dem Mann, der dort auf der Straße nach Jericho am Boden lag, zu Hilfe kam, war kein isolierter Ein-zelfall im Leben des Samariters, nichts Außergewöhnliches. Er tat das, was er tat, weil er eben so war, weil er es gewohnt war zu helfen. Im Laufe seines Lebens hatte er es sich selbst antrainiert, auf die Nöte und Bedürfnisse anderer Menschen zu reagieren. Wie er das gemacht hat? Nicht so sehr durch Selbstdisziplin oder gewaltige, heldenhafte Opfer, sondern eher durch die ständige Wiederholung *kleiner* Bemühungen. Diese Bemühungen bestehen zum Beispiel darin, hin und wieder mit jemandem eine Extrameile zu gehen: jemandem beistehen, der Probleme hat – wenn man kann. Seinen Teil Verantwortung für die Allgemeinheit übernehmen – aber nur so viel, wie man auch bewältigen kann. Das scheint zunächst alles nichts Besonderes zu sein, aber eines Tages schauen Sie sich vielleicht um und entdecken, dass das eigene Ich von seinem einsamen Thron der Arroganz geschubst worden ist und Sie – ohne dass Sie es überhaupt gemerkt haben – selbst ein barmherziger Samariter geworden sind.“

Einfühlungsvermögen, Mut und die Gewohnheit zu helfen – vielleicht hatte der alte Pastor wirklich recht. Und vielleicht sind ja auch noch andere Eigenschaften in jener tiefen Zärtlichkeit verborgen, die wir Mitgefühl nennen. Welche das auch immer sein mögen – wir tun gut daran, sie bei uns selbst zu suchen und sie bei anderen zu stärken – denn ohne diese stille Kraft des Mitgefühls gäbe es kaum Hoffnung für morgen.

„Beautiful Dreamer“

Sie kennen das sicher: Man blickt zurück, wenn alles endlich gut läuft, der Druck von einem abfällt und man keine Angst mehr hat. Man blickt zurück auf all das Elend und die Ungewissheit in Zeiten, in denen es wirklich richtig hart war, in denen man das Gefühl gehabt hat, es keinen einzigen Tag, ja nicht einmal eine Stunde länger auszuhalten, und man erwartet, dass sich jetzt große Erleichterung einstellt.

Aber sie kommt nicht. Es stellt sich eher eine Art Traurig-keit ein – eine Empfindung wie Reue oder Bedauern –, eher ein Gefühl des Verlustes als des Gewinns, und zwar deshalb, weil einem langsam klar wird, dass diese Zeiten – so düster sie auch gewesen sein mögen – etwas Lebendiges an sich hat-ten, viel intensiver waren als die Gegenwart mit ihrer Leich-tigkeit. Und es ist dann nur ein Wort, eine Geste oder die Me-lodie eines alten Liedes nötig – und plötzlich ist alles wieder da …

Wir waren in jenem Sommer pleite, absolut pleite. Ich hatte endlich den Mut gefasst, meine Festanstellung bei einer Zeitschrift zu kündigen und es als Freiberufler zu versuchen, aber ich hatte unterschätzt, wie lange es dauert, bis man sich etabliert hat. Und außerdem verkrampft man sich, wenn man Angst hat, und wenn man verkrampft ist, kann man nicht be-sonders gut schreiben. Wir hielten uns über Wasser, indem wir ein paar Haushaltsgegenstände bei einem etwas herunter-gekommenen Auktionshaus am Rande der Stadt verkauften. Aber mehr hatten wir dann auch nicht mehr zu verkaufen. Ir-gendwann kam dann der Punkt, an dem Pam beschloss, mit den Kindern eine Weile zur Großmutter zu fahren. Wir hat-ten keinen Streit miteinander gehabt, sondern sie wollte ein-fach einmal weg aus allem, und wir hatten nicht einmal mehr Geld für Lebensmittel.

Pam fuhr am frühen Morgen los, und ich glaube, der Tag, der dann folgte, war der längste meines Lebens. Ich versuchte zu arbeiten, aber das ging nicht; das Haus war zu leer und zu still. Immer wieder sagte ich mir, dass ich das doch eigentlich alles gar nicht auf mich zu nehmen bräuchte, denn ein Anruf bei der Zeitschrift, bei der ich gekündigt hatte, hätte genügt, und ich hätte meinen Job wiedergehabt, da war ich ziemlich sicher. Am Ende war es nicht Mut, der mich davon abhielt, dort anzurufen, sondern es war fehlender Mut. Ich brachte es einfach nicht fertig einzugestehen, dass ich es nicht geschafft hatte.

Die Sonne ging langsam unter und das Zwielicht war grau vor Einsamkeit. Als es schließlich ganz dunkel war, beschloss ich, zu Fuß zu dem Auktionshaus zu gehen und einen Koffer zu verkaufen, der mir gehörte. Pam hatte nämlich bald Geburtstag und ich wollte ihr ein Geschenk kaufen.

Es war wirklich nicht toll in diesem Auktionshaus. Es bestand einfach nur aus einem großen Schuppen, in dem alter Kram und Trödel standen, und davor war ein Zelt aufgebaut, in dem sich die Besucher auf alte Klappstühle setzen und auf Sachen bieten konnten, die unmöglich jemand wollen könnte. Gebrauchte Sachen, Weggeworfenes und sogar beschädigte Dinge lagen dort.

Der Eigentümer war ein hartgesottener kleiner Gnom namens Willie Madden, der misstrauisch unter seiner grünen Sonnenblende hervorlugte, immer eine erloschene Zigarre im Mundwinkel. Er und Pam waren bei unserem letzten Verkauf die besten Freunde geworden, aber mir war er nicht besonders sympathisch.

Ich regelte alle Formalitäten für die Versteigerung meines Koffers, und weil dann bis zur Auktion noch eine Stunde Zeit war, schlenderte ich ein wenig herum und schaute mir alte Möbel, angeschlagenes Porzellan und verstaubte Bücher an.

Dabei bemerkte ich irgendwann ganz hinten in dem Schuppen ein junges Paar, das sich flüsternd unterhielt. Es war kein Paar, das einem sofort ins Auge fällt; beide waren nicht besonders groß, und das Mädchen war nicht auffallend hübsch, aber sie hatten etwas Nettes an sich und wirkten, als ob sie sehr vertraut miteinander waren. Sie schauten sich einen gebrauchten Kinderwagen an, den sie ganz offensichtlich in allernächster Zeit brauchen würden. In seinen besten Zeiten war der Wagen sicher einmal ein richtig schickes Teil gewesen, und er war auch jetzt noch in ziemlich gutem Zustand. Der junge Mann ging weg und ich sah, wie die junge Frau zart über den elfenbeinfarbenen Griff des Wagens strich und sich dann vorbeugte, um sich noch einmal den Preis auf dem kleinen Etikett anzuschauen, so, als hoffte sie, dass sie sich beim ersten Mal vielleicht verlesen hätte.

Dann kam ihr Mann zusammen mit Willie Madden wieder zurück. Willie grunzte mir irgendetwas Unverständliches zu, ging dann weiter zu dem Kinderwagen und schaute sich das Preisschild noch einmal selbst an. „Das stimmt", sagte er. „Fünfundzwanzig Mäuse. Ein echtes Schnäppchen. Der ist mindestens fünfzig wert."

Die junge Frau fragte ihn etwas und schaute dabei sehnsüchtig auf den Kinderwagen.

„Na, dann holen Sie es doch. Bringen Sie's einfach her", sagte Willie ungeduldig. „Bringen Sie alles rein, was Sie loswerden wollen. Aber beeilen Sie sich. In einer Dreiviertelstunde geht die Versteigerung los, dann muss ich vorne auf der Bühne stehen."

Die jungen Leute eilten davon und waren schon nach zwanzig Minuten wieder da. Ich beobachtete, wie sie zu Willies unaufgeräumtem Schreibtisch gingen und die Sachen hinlegten, die sie mitgebracht hatten: eine Angel, ein paar Kleidungsstücke, einen Wecker und etwas Nippes, von dem ein Teil aussah wie eine kleine Spieluhr. Alles zusammen machte allerdings nicht den Eindruck, als könnte man damit bei einer Versteigerung 25 Dollar erzielen, und ich sah Willie an, dass er derselben Meinung war. Er tippte mit einem Finger skeptisch auf die kleine Spieluhr. „Funktioniert das Ding überhaupt?"

„Es spielt eine Melodie", sagte die Frau. „Eigentlich soll es drei spielen, aber es geht nur noch eine."

Willie kaute auf seinem Zigarrenstummel herum und drehte ihn dabei im Mund immer wieder um die eigene Achse. „Ich habe für den Kinderwagen zweiundzwanzig Mäuse bezahlt. Hier steht es, hier in dem Buch. Wenn wir so viel für euren Kram hier bekommen, dann könnt ihr den Kinderwagen mitnehmen. Aber ich sag's euch lieber gleich: Ich glaube nicht, dass ihr so viel dafür kriegt. Also sagt hinterher nicht, ich hätte euch nicht gewarnt. So, und jetzt raus hier. Wartet drüben im Zelt. Ich hab hier noch zu tun."

Die beiden gingen und ich folgte ihnen und setzte mich auf einen Platz, von dem aus ich ihre Gesichter beobachten konnte. Sie hielten Händchen und warteten.

Irgendjemand machte ein Schnäppchen mit meinem Koffer, denn er ging für vierzehn Dollar weg, obwohl er eigentlich vierzig wert war. Die Sachen der beiden jungen Leute standen erst ganz am Ende der Liste, und es war schon ziemlich spät, als Willie sie endlich aufrief. Die Angel brachte drei Dollar, die Kleidungsstücke jeweils zwei, der Wecker ging für 50 Cent weg. Es war hoffnungslos, absolut hoffnungslos. Ich musste mich sehr beherrschen, nicht zu den beiden hinüberzuschauen.

Willie nahm die kleine Spieluhr in die Hand. „So, hier haben wir jetzt eine echte Antiquität", sagte er. „Und was das Beste daran ist, sie funktioniert sogar noch! Hören Sie mal."

Er drückte den Einschaltknopf. Die kleine Dose gab ein schwaches, schnarrendes Geräusch von sich und fing dann an zu spielen, das Lied „Beautiful Dreamer" von Stephen Foster. Langsam und traurig kam das bekannteste aller amerikanischen Volkslieder aus der kleinen Spieldose herausgeklimpert:

Beautiful dreamer, wake unto me,
Starlight and dewdrop are waiting for thee.

Schöne Träumerin, wach für mich auf,
Sternenschein und Tautropfen erwarten dich.

In dem Zelt war es jetzt mucksmäuschenstill. Die Musik spielte weiter, und irgendwie war alles in ihr enthalten – all die Einsamkeit und das Herzeleid und die Dinge, die wir alle eigentlich sagen möchten, für die wir aber keine Worte finden. Ich sah nun doch heimlich zu dem jungen Paar hinüber und irgendetwas an diesem Anblick schnürte mir die Kehle zu.

Die Musik war zu Ende. „Und", sagte Willie, „höre ich ein Gebot? Zehn Dollar? Bietet jemand zehn Dollar?"

Wieder Schweigen. Ich dachte an die vierzehn Dollar, die ich für meinen Koffer bekommen würde. Abzüglich der Gebühr. Ich dachte auch an Pam und ihren Geburtstag.

„Bietet jemand fünf?" Willie klang jetzt ungeduldig. „Bietet jemand fünf Dollar für diese echte Antiquität?"

Ich holte tief Luft und machte den Mund auf, schloss ihn dann aber sofort wieder.

„Fünf Dollar!", sagte eine Stimme hinter mir. Ich drehte mich um. Sie gehörte einem dünnen, schäbig aussehenden Mann mit einem sorgfältig gewichsten Schnauzbart. Ich hatte ihn auch schon bei früheren Versteigerungen gesehen, allerdings noch nie erlebt, dass er auf irgendetwas geboten hatte.

Sogar Willie schien darüber ziemlich erstaunt. „Fünf Dollar sind geboten … wer bietet mehr? Zehn Dollar? Wer bietet acht?"

„Acht!", sagte eine kleine Frau, die Ähnlichkeit mit einem Vogel hatte und ganz am anderen Ende des Zeltes saß.

Alle Blicke in dem Zelt gingen jetzt zurück zu dem schäbigen Mann. Er zögerte keinen Augenblick. „Zehn Dollar!"

„Zwölf!", rief seine Konkurrentin. Und dabei sah sie aus, als hätte sie nicht einmal zwölf Cent.

„Zwölf sind geboten", rief Willie. „Höre ich fünfzehn?"

Plötzlich herrschte eine Stille, die ewig zu dauern schien. Zusammen mit dem Erlös aus den anderen Sachen würden 15 Dollar für den Kinderwagen reichen. Das Mädchen war sehr blass; sie drückte die Hand ihres Mannes so fest, dass ich sah, wie er zusammenzuckte.

Der schäbig aussehende Mann stand ganz langsam auf. „Fünfzehn Dollar!", sprach er das feierliche Schlusswort.

Und das war es dann. Die Spieluhr ging weg – war weg – *verkauft* an den Mann mit dem Schnauzbart. Einen Augenblick lang kam mir der düstere Gedanke, dass der Mann vielleicht gar keine 15 Dollar hatte, aber nein, er holte das Geld hervor, gab es Willies Assistenten und nahm die Spieluhr an sich.

Dann war das Zelt leer und ich ging wieder in den Schuppen zurück. Ich war froh, als ich feststellte, dass der Kinderwagen tatsächlich nicht mehr da war. Ich nahm das Geld für meinen Koffer in Empfang und beschloss, mir eine Tasse Kaffee zu gönnen. Die Wahrheit war, dass ich nicht in mein leeres Haus zurückwollte.

Ich ging in einen Schnellimbiss gegenüber der Auktionshalle und blieb direkt hinter der Tür stehen. Die kleine Frau, die Ähnlichkeit mit einem Vogel hatte, und ihr Konkurrent bei der Versteigerung saßen dort friedlich nebeneinander auf zwei Barhockern.

Und da begriff ich. Ich ging zu ihnen hin und sagte in scharfem Ton, so als hätte ich ein Recht, es zu erfahren: „Wo ist die Spieluhr?"

Der Schnauzbartträger sah etwas erschrocken aus. „Die Spieluhr?", fragte er. „Na, die hat Willie."

Ich wandte mich an seine Komplizin. „Und wie viel hat Willie Ihnen dafür bezahlt, dass Sie sich gegenseitig überbieten?"

Sie tunkte anmutig ihren Donut in den Kaffee. „Nichts. Wieso denn?", sagte sie. „Wir waren doch froh, dass wir helfen konnten, nicht wahr, Henry?"

„Ich nehme an", sagte ich, „dass Sie die Spieluhr mit Willies Geld bezahlt haben, oder?"

„Na klar", antwortete Henry. „Woher sollten wir denn wohl fünfzehn Mäuse für eine Spieluhr nehmen? Willie kann es nur absolut nicht leiden, wenn Leute erfahren, was für ein Weichei er ist, das ist alles."

Ich verließ die beiden wieder und ging noch einmal zurück in den Schuppen, wo Willie an seinem Schreibtisch saß. Ich glaube, dass er diese Sonnenblende hauptsächlich trug, um möglichst hart auszusehen.

„Wo ist die Spieluhr?", fragte ich ihn.

Er schaute mir direkt in die Augen. „Welche Spieluhr denn?", fragte er.

„Nun kommen Sie schon, Willie", sagte ich. „Ich weiß, was Sie getan haben. Wo ist sie?"

Die Sonnenblende war ein paar Zentimeter nach links verrutscht. „Da drüben in dem Schrank. Wieso?"

„Ich möchte, dass Sie sie für mich aufbewahren. Ich gebe Ihnen zwanzig Dollar dafür, wenn ich das Geld zusammenhabe."

Willie lehnte sich auf seinem Stuhl zurück. „Nun sagen Sie doch bloß mal", fragte er, „was Sie mit der Spieluhr wollen?"

„Ich will sie Pam zum Geburtstag schenken."

Willie schüttelte den Kopf. „Sind Sie verrückt? Die ist doch keine fünf Dollar wert, und schon gar keine zwanzig. Sie spielt doch nur eine Melodie, obwohl es eigentlich drei sein sollten."

„Mir gefällt die eine Melodie, die sie spielt", sagte ich zu ihm. „Es ist so viel Liebe darin."

„Liebe?", fragte Willie entgeistert. Er stand ganz langsam auf, kam um seinen Schreibtisch herum und sah mich unheilvoll an. „Wieso suchen Sie sich nicht zur Abwechselung mal einen Job?", fragte er. „Wieso hören Sie nicht mit diesem idiotischen Leben auf, das Sie da führen?"

Ich lachte einfach nur schallend auf und fühlte mich innerlich glücklich und warm und gut. Ich wusste, dass früher oder später alles gut werden würde.

Willie öffnete den Schrank. „Hier." Er hielt mir die Spieluhr hin. „Schenken Sie die Pam. Zu ihrem Geburtstag. Von mir."

Ich zögerte einen Moment lang, nahm die Spieluhr dann aber doch an. Es gibt Zeiten, da ist es egoistisch, ein Geschenk abzulehnen. „Danke."

„So, und jetzt gehen Sie nach Hause", sagte Willie. „Ich kann hier nicht die ganze Nacht herumstehen und quatschen."

Also ging ich nach Hause. Das Haus war immer noch dunkel und leer, aber ich stellte die Spieluhr auf den Tisch neben unserem Bett und ließ sie spielen, und da war ich nicht mehr allein.

Vorsicht – Charme!

In den vergangenen ein, zwei Jahrhunderten haben wir es hier im tiefsten Süden der USA geschafft, eine beachtliche Anzahl von Ärgernissen loszuwerden. Es gibt kein Gelbfieber und keine Gangster mehr. Es gibt längst nicht mehr so viele Stechmücken; dasselbe gilt auch für Sheriffs auf dem Lande. Aber

eine samtig weiche Falle lauert immer noch auf den unacht-
samen Besucher: die unterschwellige, tückische, seidenglatte
Falle des Charmes.

Wie Sie vielleicht wissen, möchten die meisten Südstaa-
tenbewohner lieber charmant als reich sein. Sie glauben, dass
man seine Kraft entweder dafür einsetzen kann, Geld zu verdienen, oder aber dafür, eine umwerfende Ausstrahlung zu
entwickeln, dass beides gleichzeitig aber nicht geht. Wenn sie
sich für eines von beidem entscheiden müssen, zögern sie keinen Augenblick, weil irgendein uralter Instinkt ihrer Ahnen
ihnen zuflüstert, dass Charme einem Charmeur alles Mögliche einbringen kann, was man für Geld niemals kaufen kann.

Ich hatte völlig vergessen, wie tief greifend und stark ausgeprägt die Charmeoffensive in den Südstaaten ist, bis ich –
nach ein paar unangenehmen Jahren im Norden – wieder in
meine Heimatstadt Savannah zurückzog. In dieser verträum-
ten alten Hafenstadt ist der Pro-Kopf-Ausstoß an Charme
ungeheuerlich. Besucher sind von der Charmeflut oft dermaßen überwältigt, dass sie völlig verstört und hilflos durch
die Gegend stolpern wie verirrte Kirschen in einem Meer von
Schlagsahne. Wenn keine Besucher da sind, dann bleiben die
Bewohner von Savannah in Übung, indem sie sich gegenseitig bezaubern.

Zunächst einmal kann ein solcher Kontakt mit den Charme-
Experten ganz reizend sein. Man fühlt sich geschmeichelt, aufgebaut, leicht benebelt. Man hätte sich selbst nie träumen lassen, dass man so gut aussieht, so geistreich ist und einfach
so unwiderstehlich wirkt. Es dauert eine Weile, bis einen die
dunkle Ahnung beschleicht, dass man es in Wirklichkeit auch
gar nicht ist.

Das habe ich etwa 48 Stunden nach meiner Rückkehr
dorthin entdeckt – na ja, eigentlich wiederentdeckt. Es war

an einem sonnigen Sonntagmorgen. Auf der Eingangstreppe zur Kirche traf ich eine Freundin meiner Mutter, eine hochgewachsene, stattliche Dame mit einem Blumenhut, die meine Hand nahm und sie liebevoll festhielt. „Mein Lieber", sagte sie (in diesem Augenblick hätten bei mir eigentlich schon alle Alarmglocken läuten müssen, denn ich war auch nicht im Entferntesten ihr „Lieber" …), „mein Lieber, so jung und so gut aussehend wie heute habe ich dich ja noch nie erlebt. Du erhellst wirklich meinen Tag!"

Als ich danach die Kirche betrat, fühlte ich mich richtig beschwingt. Kurz darauf ging ich noch einmal hinaus ins Freie, um nach einem unserer Kinder Ausschau zu halten, das sich offenbar verspätet hatte. Dabei fiel mein Blick auf einen Bekannten, der es am Abend zuvor auf einer denkwürdigen Party so richtig hatte krachen lassen. Mit blutunterlaufenen Augen und grünlich gelbem Gesicht kam er die Kirchentreppe hinaufgeschwankt. „Mein Lieber", sagte die Freundin meiner Mutter zu ihm, „Sie sehen hervorragend aus! So frisch und munter!" Eine plumpe Heuchlerin? Absolut nicht. Sie war nur so, wie sie erzogen worden war. *Charmant,* und zwar um jeden Preis.

Ich habe einen scharfzüngigen und zynischen Freund namens Danforth, der ein ziemlich negatives Bild von dieser Art von Charmeuren hat. Ein echter Charmeur, sagt Danforth, ist ein guter Schauspieler, sonst nichts – mit dem für Schauspieler typischen Wissen um die Publikumsreaktionen. Der Hauptzweck dieses Schauspielerns, so behauptet er, bestehe nicht darin, etwas dafür zu tun, dass Menschen sich gut fühlen, sondern darin, dass der Charmeur selbst Aufmerksamkeit bekomme. „Gott helfe jedem, der so jemanden heiratet", grummelt er. „Wenn ein Mann den ganzen Tag herumläuft und immer nur charmant ist, dann kannst du darauf wetten, dass er seine Frau anschnauzt, die Kinder rüffelt und nach der Katze tritt, sobald er abends nach Hause kommt."

Da könnte etwas Wahres dran sein. Ich kannte mal eine ältere Frau, die darauf spezialisiert war, zu jedem freundlich zu sein. Eines Tages bekam sie unliebsamen Besuch vom Pastor der Nachbarkirche. Sie konnte den Mann nicht ausstehen, lächelte aber gütig, bot ihm Tee an, lobte seine Predigten und seine Frömmigkeit und bewunderte seine theologischen Erkenntnisse. Als er wieder gegangen war, setzte sie sich aufs Sofa und erlitt einen tödlichen Schlaganfall. Sie war eine dieser Frauen, die immer charmant sein *müssen*, und wenn es sie umbringt – was dann eben diesmal auch wirklich der Fall war.

Mein Freund Danforth sagt, dass Südstaatler chronisch Exzentrik mit Charme verwechseln. Vielleicht hat er damit auch recht. Ein Beispiel dafür könnte meine Großtante Lavinia sein, die um die Jahrhundertwende von drei ältlichen Mitgliedern unseres Familienclans aufgezogen wurde, die alle drei etwas wunderlich waren. Da war zum einen Cousin Wayne, ein Junggeselle, der die meiste Zeit damit verbrachte, erfolglos mit irgendwelchen Gleitfliegern zu experimentieren. Und dann gab es noch Maud und Muriel, seine beiden unverheirateten Schwestern, die ihm und der früh verwaisten Lavinia den Haushalt führten.

Jeden Nachmittag zogen sich die Respekt einflößenden alten Jungfern in ein abgedunkeltes Zimmer zurück und hielten dort einen Mittagschlaf. Nichts, absolut gar nichts, durfte sie bei diesem täglichen Ritual stören, und deshalb durfte die arme Lavinia in dieser Zeit nur wie ein Geist auf Zehenspitzen durchs Haus schleichen.

Eines schwülen Nachmittags im Jahre 1901 geriet diese friedvolle Szene dann allerdings völlig aus den Fugen. Als

Erstes beschloss eine bis dahin eigentlich ziemlich umsichtige Katze, in einer antiken chinesischen Vase auf einer Anrichte ihre Jungen zu bekommen. Dieses Ereignis hatte Lavinia schon ein wenig aus der Fassung gebracht, als ein jähzorniger Colonel, der in der Nachbarschaft wohnte, mit feuerrotem Gesicht an der Haustür auftauchte und wutentbrannt verkündete, dass Cousin Wayne wieder einmal mit einem seiner Gleitflieger von irgendeinem Hügel gestartet und kopfüber in des Colonels Brunnen gelandet sei. Irgendjemand solle ihn dort gefälligst herausholen, bevor sein Brunnen völlig ruiniert sei. Panisch und zitternd eilte Lavinia nach draußen, um sich zu vergewissern, ob das stimmte (was der Fall war). Während sie da draußen vor der Haustür stand, kam ein Zeitungsjunge vorbeigeradelt und warf ihr eine Extraausgabe der Lokalzeitung vor die Füße. Als sie die Schlagzeile sah, hakte irgendetwas bei Lavinia aus. Sie rannte hinauf in den heiligen Mittagschlafraum, riss die Tür auf und schrie: „Wacht auf! Wacht auf! Die Katze ist in den Brunnen gefallen, Cousin Wayne hat Junge gekriegt, McKinley ist erschossen worden, und ich halte das alles nicht mehr aus!"

Ein unvoreingenommener Beobachter hätte vielleicht behauptet, dass Großtante Lavinia sich davon niemals wieder richtig erholt habe. Aber in der Familie erklärte man das Ganze allgemein so, dass Lavinia zwar nicht die Allerhellste, dafür aber unglaublich charmant gewesen sei, eine Eigenschaft, die der Intelligenz entschieden vorzuziehen war.

Ungefähr das größte Kompliment, das man einem Südstaatler machen kann, ist zu behaupten, er oder sie könne mit seinem Charme einen Vogel vom Baum holen. Aber wenn man versucht, den Hauptbestandteil dieses Charmes zu benennen, dann ist das ein bisschen so, als versuche man, mit einem Hut Mondstrahlen einzufangen.

Das Bezaubernde am Charme ist ja, dass er bei jedem Menschen ganz unterschiedlich aussehen kann. Was bei einer Person tadelnswert wäre, ist vielleicht bei einer anderen betörend.

Nehmen wir zum Beispiel meine Tante Jessamine, die in Charleston (South Carolina) lebte. Niemand war je charmanter als sie, aber die unangenehme Wahrheit ist, dass ihr Charme auf folgender Tatsache beruhte: Immer wenn Tante Jessamine etwas wollte, bettelte oder bezirzte oder drängte sie die anderen nicht, sondern tischte unglaubliche Lügen auf, um ihr Ziel zu erreichen.

Ich erinnere mich, wie ich einmal mit Tante Jessamine unterwegs gewesen war und dann am Flughafen auf unseren Rückflug wartete. Unser Flug wurde aufgrund irgendwelcher technischer Probleme mit der Maschine gestrichen, und wir bekamen auch keinen Ersatzflug, weil alle anderen Flüge ausgebucht waren. Als ich Tante Jessamine das mitteilte, marschierte sie schnurstracks zum Ticketschalter, griff sich an die Kehle, gab ein furchtbares Röcheln von sich und bat mit ersterbender Stimme darum, den Chef sprechen zu dürfen. Sie war stark wie ein Maulesel und ungefähr doppelt so gesund, aber ehe ich mich versah, flogen wir als krankheitsbedingte Notfälle nach Charleston. Mein Gewissen plagte mich den ganzen Weg, aber Tante Jessamine ging es hervorragend dabei.

Dann war da noch Tante Harriet, deren Charme in ihrer Fähigkeit lag, grenzenlose Weltuntergangsstimmung zu verbreiten. Menschen kamen von weit her, um Tante Harriet ihre Probleme zu erzählen. „Oh", sagte sie dann und schüttelte ungläubig und mitfühlend den Kopf. „Das ist ja *furchtbar.*" Tante Harriet versuchte nie zu helfen, die Probleme von jemandem zu *lösen*, denn das hätte ja alles verdorben. Nein, sie bedauerte die Leute nur – und wenn sie wieder abzogen, ging es ihnen meist schon viel besser.

Und dann war da schließlich noch Tante Daisy, heute Millionen von Menschen als Juliette Low bekannt, die Gründerin der weiblichen Pfadfinder. Daisys Charme lag nicht so sehr in ihrer Exzentrik (und davon hatte sie reichlich), sondern in den *Begründungen*, die sie dafür vorbrachte, dass sie etwas tat beziehungsweise unterließ.

Mein Vater hat mir einmal von einer Zeit in London erzählt – es muss ungefähr zur Zeit von Sherlock Holmes gewesen sein –, als er und Daisy in einen schrecklichen Platzregen gerieten. Daisy stellte sich in einer Toreinfahrt unter, während ihr jüngerer Bruder durch den strömenden Regen lief und versuchte, eine Droschke aufzutreiben. Als er völlig durchnässt endlich eine gefunden hatte, weigerte sich Daisy einzusteigen, weil, wie sie sagte, das Pferd einen verächtlichen Zug ums Maul habe.

„Und hatte es den denn wirklich?", fragte ich meinen Vater fasziniert.

„Ja, irgendwie schon", gestand mein Vater nachdenklich. „Aber ich bin mir sicher, dass das nichts mit *uns* zu tun hatte."

Daisy, die ebenso viel Zeit in England wie in Amerika verbrachte, fuhr eigentlich immer auf der falschen Straßenseite, egal, in welchem Land sie sich gerade aufhielt. Als sie deshalb eines Tages mit ihrem alten Auto wie gewöhnlich dem Gegenverkehr ausweichen musste, rauschte sie dabei in ein Haus und landete im Esszimmer. Ohne ein Wort zu der völlig entgeisterten Familie zu sagen, stieg sie aus ihrem Auto, rannte zum Laden an der Ecke und rief ihren Bruder Bill an, der von Beruf Rechtsanwalt war. „Was hast du denn zu den Leuten gesagt?", rief Bill, der jetzt mit einem gewichtigen Geständnis rechnete.

„Ach, gar nichts", antwortete Daisy: „Ich fand es unhöflich, sie beim Essen zu stören."

Meine Frau, die mir beim Schreiben dieses Textes über die Schulter geschaut und einiges mitgelesen hat (eine ihrer charm …, äh, ich meine natürlich liebenswerten Eigenschaften), weist mich gerade darauf hin, dass ich völlig vom Thema abgekommen bin. „Du hast mit einer Ausführung darüber angefangen, weshalb Charme etwas so Heimtückisches ist", sagt sie, „und jetzt faselst du hier nur über deine verrückten alten Tanten."

Na ja, Südstaatler neigen nun mal dazu, vom Hundertsten ins Tausendste zu kommen und kein Ende zu finden. Aber wenn Sie von mir ein abschließendes Statement wollen, dann folgendes: Mein Freund Danforth irrt sich. Charme ist nicht immer und ausschließlich Schauspielerei und Oberflächlichkeit. Charme bedeutet auch, auf andere zuzugehen. Es ist eine leise Stimme, die sagt: „Siehst du, ich nehme dich wahr. Ich weiß, dass du da bist. Ich möchte, dass du mich magst, sicher – aber ich möchte auch, dass du dich mit dir selbst wohlfühlst."

Nennen Sie es Charme, nennen Sie es Aufmerksamkeit – es ist etwas, das wir in dieser technisierten, zerstückelten und entmenschlichten Welt dringend nötig haben. Etwas, in das wir uns hineinfallen lassen können, wenn wir es nicht mehr aushalten. Also – Sie alle da draußen, kommen Sie doch mal zu uns hier in die Südstaaten und lassen Sie sich von unserem Charme bezaubern. Er schadet kein bisschen. Und tut vielleicht jedem ganz gut.

Wie bist du wundervoll!

Vor ein paar Jahren ist meine Mutter aus ihrem Haus in Georgia ausgezogen, in dem unsere Familie seit ungefähr 150 Jahren gelebt hat. Es ist unglaublich, wie viel Zeug sich im Laufe von fünf, sechs Generationen ansammeln kann. Der Keller und der Dachboden waren vollgestopft mit Kisten und Schrankkoffern, die wiederum alle randvoll waren mit einer Unmenge von Krimskrams. Und weil meine Mutter in eine viel kleinere Wohnung umzog, mussten wir all diese Sachen durchsehen und das meiste davon loswerden.

Ich muss gestehen, dass ich beim Ausmisten Ausschau nach seltenen, wertvollen Briefmarken hielt. Es stellte sich dann aber recht schnell heraus, dass alles, was wir hatten, eine gewaltige Sammlung alten Krempels war. Trotzdem fand ich etwas, das für mich sehr wertvoll war.

Ich fand es in Form von Briefen, die einen ganzen Schrankkoffer füllten. Die meisten waren mit blassgrüner Tinte geschrieben und vom Staub der Jahrzehnte angeschmuddelt. Wir standen im Dämmerlicht knietief in Sporen und Kaminbesteck, angelaufenen Orden und Medaillen, Resten zerrissener Spitze und verblichenen Brokats und lasen uns den einen oder anderen Absatz aus den Briefen vor. Und es war, als hörte man ferne, leise Stimmen durch den Korridor der Zeit.

In den Briefen ging es nie um spektakuläre Ereignisse, sondern um den Alltag und das Leben ganz normaler Menschen: um Partys und Picknicks, geschäftliche Erfolge oder Fehlschläge, Haustiere, Kinder und das Wetter. Die Briefe hätten ebenso gut von meinen Schwestern an mich geschrieben sein können oder umgekehrt – mit einem Unterschied: Die Verfasser scheuten sich nicht davor, ihre Gefühle zu zeigen, so wie wir es uns heute angewöhnt haben.

Was wir auf dem Dachboden zu lesen bekamen, zeigte uns, dass sich die Menschen früherer Generationen füreinander interessierten und sich umeinander kümmerten, und zwar umfassend und intensiv. Man stand sich offenbar sehr nah, und das wurde auch zum Ausdruck gebracht, indem man es niederschrieb – mit einer Betonung, die uns vielleicht naiv erscheint, aber auch tief beeindruckend ist. Auf hunderterlei unterschiedliche Weise schrieb man über die Liebe und die Bewunderung füreinander, und beim Lesen der vergilbten Seiten spürte ich förmlich die Ernsthaftigkeit, die hinter den Worten steckte.

Du kannst dir gar nicht vorstellen, wie viel uns dein Besuch bedeutet hat!
Als du wieder weg warst, war es, als hätte die Sonne aufgehört zu scheinen.

Der Mut, mit dem du dich deinen Schwierigkeiten stellst, ist für uns alle vorbildlich. Wir haben nicht den geringsten Zweifel, dass du sie am Ende alle besiegen wirst.

Habe ich dir eigentlich in letzter Zeit gesagt, was für ein wunderbarer Mensch du bist?

Vergiss nie, wie sehr deine Freunde und deine Familie dich lieben und bewundern.

Du bist so wundervoll! Diese Aussage zog sich wie ein Refrain durch alle Briefe und brachte mich zum Innehalten und Nachdenken. Ganz sicher hatte jeder dieser Menschen auch vieles an sich gehabt, was man hätte kritisieren können. Aber wenn man sich an die Zeiten erinnerte, die sie durchgemacht hatten – den Krieg, der für sie in Armut, Bitterkeit und Niederlage geendet hatte, oder die schrecklichen Gelbfieberepidemien –, dann musste man zwangsläufig zu dem Schluss gelangen, dass die Verfasser dieser Briefe damals stärker waren als wir heute – dass sie schwerere Prüfungen mit größerer innerer Kraft und Würde überstanden. Und woher nahmen sie diese Kraft? Die Antwort lag in meinen eingestaubten Händen. Sie gaben sie sich gegenseitig:

Vergiss nie, wie sehr du geliebt und bewundert wirst.

Da war es wieder: der Glaube, die Ermutigung, diese Fäden der Bestätigung, die zu einem starken Netz gegenseitiger Unterstützung und Hilfestellung verknüpft wurden. Niemand brauchte sich irgendeiner Sache zu stellen, ohne dabei Verbündete zu haben, deren Loyalität absolut außer Frage stand. Niemand schien jemals ganz allein dazustehen.

Solche Loyalität und Zuneigung gehörten auch in den Beziehungen innerhalb meiner Familie ganz selbstverständlich dazu, das wusste ich, aber sie wurden nie zum Ausdruck gebracht und schon gar nicht auf so direkte Weise wie in den Briefen, die ich gelesen hatte. Irgendwann hatten die Menschen meiner Generation angefangen, ihre Gefühle nicht mehr so offen zu zeigen. Es war irgendwie kitschig geworden, das zu tun, und es erschien den meisten ein wenig peinlich. Es war altmodisch geworden; man tat es einfach nicht mehr. Ich tue gar nicht so, als wüsste ich, was diesen Wandel verursacht hat, aber eines weiß ich: Er durchkreuzt eines der tiefsten menschlichen Bedürfnisse – den Wunsch nach Annahme und Bestätigung durch andere.

Wenn ein Mensch weiß, dass er geliebt wird, dann braucht er sich keine Gedanken mehr darüber zu machen, ob er anerkannt wird und angenommen ist – denn er hat dann bereits beides. Wenn ein Mensch weiß, dass er bewundert wird, dann bleibt sein Selbstvertrauen stark.

Wenn Menschen davon überzeugt sind, dass man mit seinen Problemen schon fertig wird, dann lässt die Angst vor dem Versagen (und das ist die lähmendste aller Ängste) nach und verschwindet vielleicht sogar ganz. Und auch das Umgekehrte trifft zu. Es heißt, dass man zu dem Menschen wird, für den man sich selbst hält. Was man aber über sich denkt, ist unweigerlich davon gefärbt, wie man die Meinung anderer über sich selbst wahrnimmt. Wenn einer meint, dass die Leute ihn eher kritisch sehen (oder sich ihm gegenüber gleichgültig verhalten), dann schrumpft sein Selbstwertgefühl – und mit ihm die Fähigkeiten, das eigene Leben zu meistern.

Ein gewisses Maß an Kritik mag ja hilfreich sein, aber zu viel davon ist ein heimtückisches Gift. Ein Freund erzählte mir einmal von einem Klub, dem er in seinen ersten Studiensemestern angehörte. Die Mitglieder waren brillante Jungen, die alle wirklich literarisches Talent hatten. Bei jedem Treffen las einer von ihnen einen selbst verfassten Essay oder eine Geschichte vor und stellte sich damit der Kritik der anderen. Jedes Manuskript wurde bei diesen Anlässen gnadenlos seziert. Diese Sitzungen waren so brutal, dass die Klubmitglieder sich selbst als „Die Würger" bezeichneten. Da in diesem Klub nur Männer zugelassen waren, gründeten natürlich auch die Studentinnen einen entsprechenden Klub, und zwar unter dem Namen „Die Streithennen". Auch sie lasen einander ihre Texte laut vor, aber sie kritisierten die Werke der anderen sehr viel behutsamer; eigentlich gab es nur selten Gegenwind. Die Streithennen gaben sich Mühe, positive Anmerkungen zu den Texten zu finden. Alle Bemühungen, so dürftig sie auch sein mochten, wurden gewürdigt.

Und das zahlte sich dann etwa 20 Jahre später aus, als ein paar der Ehemaligen den beruflichen Werdegang einiger Kommilitonen analysierten. Von all den klugen und begabten jungen Talenten bei den „Würgern" hatte sich keiner auf literarischem Gebiet einen Namen machen können. Von den Mitgliedern der „Streithennen" hatten es über ein Dutzend geschafft, renommierte Autorinnen zu werden.

Zufall? Wohl kaum. Das Maß an Talent war in beiden Gruppen ziemlich gleich. Aber während sich die Streithennen gegenseitig aufbauten, förderten die Würger nur Selbstkritik, Selbstverunglimpfung und Selbstzweifel. Ihr Name war, ohne dass es ihnen bewusst gewesen war, Programm geworden.

Das Wissen darum, dass Zuneigung die Kraft hat, aus einem Menschen positive Fähigkeiten hervorzulocken, ist mindestens 2000 Jahre alt („Ein neues Gebot gebe ich euch, dass ihr einander lieben sollt"). Aber Zuneigung nützt herzlich wenig, wenn sie nicht auch zum Ausdruck gebracht wird. Und außerdem glaube ich persönlich, dass nicht zum Ausdruck gebrachte Zuneigung nach und nach verdorrt und letztlich abstirbt. Gefühle in Worte zu fassen macht sie lebendig und real.

Als ich all diese alten Briefe las, hatte ich das unbehagliche Gefühl, dass wir in dieser Hinsicht längst nicht so weise sind, wie unsere Vorfahren es waren. Ich würde sogar sagen, dass die Männer von heute schlimmer dran sind als die Frauen von heute. Irgendwie sind sie anscheinend zu dem Schluss gelangt, dass es unmännlich ist, Gefühle zu zeigen. Ich bin sicher, dass sich die meisten Ehefrauen hin und wieder über nicht ausgesprochene Worte der Zärtlichkeit und fehlende romantische Gesten beklagen, die in der Zeit der ersten Verliebtheit ganz normal waren. Und auf diesen Vorwurf würden die Männer dann wahrscheinlich antworten: „Du weißt doch genau, dass ich dich liebe. Wieso muss ich das denn immer wieder unter Beweis stellen?"

Frauen sind meist intuitiver als ihre männlichen Gegenstücke, und eine Ehefrau weiß, dass die Zuneigung des Partners nichts Statisches ist. Sie ist sich bewusst, dass diese Zuneigung sich weiterentwickeln und wachsen kann, wenn sie hin und wieder in Worte gefasst wird.

Ähnlich ist es, wenn man zum Ausdruck bringt, dass man an die Fähigkeiten eines Menschen glaubt. Dieser Glaube stärkt seine Fähigkeiten. Als ich einmal einen ehemaligen Kommilitonen besuchte, der es im Leben zu Außergewöhnlichem gebracht hatte, stieß ich in seiner Bibliothek zufällig auf ein Buch. Der Band war ein Geburtstagsgeschenk seiner Mutter, und auf dem Vorsatzpapier stand folgende Widmung: „Mit Liebe und Stolz für meinen Sohn, der Großes geleistet hat und noch Größeres leisten wird." Etwas Ähnliches war auch geschehen, als Charles Dumas bei der Qualifikation für die Olympischen Spiele 1956 in Melbourne als Erster die 2,10-Meter-Hürde im Hochsprung nahm. Seine Mutter war darüber offenbar nicht weiter überrascht, denn sie sagte später dazu: „Ich habe ihm einfach nur gesagt, er soll rausgehen und die Hürde überspringen!" Woraufhin er, so könnte man vielleicht sagen, an der Erwartung wuchs.

Der Dichter Ralph Waldo Emerson, ein Künstler, der es verstand, die Dinge auf den Punkt zu bringen, hat einmal gesagt: „Was wir im Leben am dringendsten brauchen, ist jemand, der uns motiviert, das zu tun, was in uns steckt." Vielleicht hätte er noch hinzufügen können, dass dieser Jemand am besten fährt, wenn er einfach seine Erwartungen, die er an uns hat, in Worte fasst. Der Mensch ist schon ein seltsames Geschöpf: Er strengt sich häufig mehr dafür an, jemand anderem zu gefallen als sich selbst.

Ich glaube, wenn wir einem anderen gegenüber Zuneigung zum Ausdruck bringen, tun wir uns damit auch selbst etwas Gutes. Oft bekommen wir die Zuneigung zurückgeschenkt – vorausgesetzt natürlich, dass das, was wir sagen, ehrlich gemeint ist. Menschen fühlen sich gewöhnlich zu Menschen hingezogen, die herzlich sind. Und ist es nicht so, dass ein herzlicher Mensch seine Gefühle und seine Begeisterung für Menschen, die ihm etwas bedeuten, offen zum Ausdruck bringt? Solche Herzlichkeit ist ansteckend.

Ich habe also bei unseren Aufräumarbeiten in den verstaubten Schrankkoffern auf dem Dachboden zwar keine wertvollen Briefmarken oder seltenen Autogramme gefunden, aber dafür ein Vermächtnis in Form einer Frage, die ich mir hin und wieder selbst stelle. Zutiefst geliebt und bewundert zu werden, ist ein urmenschliches Bedürfnis, das genauso wichtig ist wie das Atmen. Wenn wir uns diese Liebe und Annahme so sehr für uns selbst wünschen, warum enthalten wir sie anderen dann so häufig vor?

Ja, warum eigentlich?

2. Das Geschenk der Weisheit

Es war mir in meinem Leben vergönnt, in den Genuss von mehr Bildung zu kommen als die meisten anderen Menschen. Vier Jahre Studium an einer großen amerikanischen Universität, zwei weitere in England – und ich bin mir nicht einmal sicher, ob ich meine Chancen dabei angemessen genutzt habe. Ich habe mit großer Entschlossenheit Seminare gewählt, die mir Spaß machten, und solche gemieden, die mir nicht zusagten, besonders solche, die auch nur entfernt nach Mathematik rochen. Ich lernte gerade so viel, dass ich zurechtkam, aber ich verbrachte auch ungeheuer viel Zeit damit, ins Kino zu gehen, mit irgendwelchen Jobs Geld zu verdienen (ich musste selbst für meinen Lebensunterhalt aufkommen) und in einem Achter verschiedenste Gewässer zu berudern.

Ich nehme an, dass im Laufe dieser 6 Jahre höherer Bildung doch wenigstens ein bisschen Wissen hängen geblieben ist, aber nicht besonders viel Weisheit. Jedenfalls nichts, was meine Perspektive, meine Werte oder meine Ziele im Leben wirklich entscheidend verändert hätte. Diese Zurüstung fürs Leben habe ich eher durch Zufallsbegegnungen in meinem Leben bekommen als durch das Studium von Büchern.

Bei diesen zufälligen Begegnungen mit Menschen ist irgendwie ein Funke auf mich übergesprungen. In der Regel war die betreffende Person älter, weiser, erfahrener als ich und zudem auch noch bereit, ihre Erkenntnisse mit mir zu teilen.

Keine dieser Begegnungen hat allerdings in einem akademischen Umfeld stattgefunden, obwohl, wie Sie gleich sehen werden, eine dieser Personen sogar Lehrer war. Aber jede von ihnen hat mich grundlegend verändert.

Der Fremde, der mich das Staunen lehrte

Ich erinnere mich, dass dieser frühe Julimorgen genauso war wie viele andere ruhige und schimmernde Julimorgen. Ich war 13, braun gebrannt mit struppigem Haar, ein bisschen verträumt und ein Einzelgänger. Im Winter musste ich zur Schule gehen wie jeder andere Junge auch, aber den Sommer verbrachte ich am Meer, und mein Geist war ungestüm und frei.

An diesem besagten Morgen hatte ich mein Ruderboot an einem alten Dock ein wenig flussaufwärts von unserem Dorf vertäut. Dort lauerten manchmal Dorsche im stillen, grünen Wasser. Ich saß geduckt und reglos da, als ich plötzlich über meinem Kopf eine Stimme sagen hörte: „Kannst du den Leviathan mit einem Haken fangen? Oder seine Zunge mit einem Seil, das du herunterlässt?"

Ich schaute erschrocken nach oben in ein schmales, blasses Gesicht und die erstaunlichsten Augen, die ich jemals gesehen hatte. Und das lag noch nicht einmal an ihrer Farbe; ich könnte heute gar nicht mehr sagen, welche Farbe sie hatten. Nein, es war eine Mischung aus Wärme, Humor, Interesse und Wachsamkeit, die in diesen Augen lag, überdeckt mit einer seltsamen Art spöttischer Traurigkeit. Ich glaube, ich hielt ihn damals für alt.

Er sah, wie erschrocken ich war. „Tut mir leid", sagte er. „Ist noch ein bisschen früh am Morgen für das Buch Hiob, was?" Er deutete mit einem Kopfnicken auf die drei Fische in meinem Boot. „Du könntest mir doch sicher beibringen, wie man die fängt, oder?"

Eigentlich war ich damals Fremden gegenüber eher misstrauisch, aber jemand, der sich fürs Angeln interessierte, war nicht wirklich ein Fremder. Ich nickte und er stieg zu mir ins

Boot. „Vielleicht sollten wir uns erst einmal vorstellen", sagte er. „Aber vielleicht ja auch nicht. Du bist ein Junge, der bereit ist, mir etwas beizubringen, und ich bin ein Lehrer, der bereit ist, etwas zu lernen. Das reicht ja eigentlich als Vorstellung schon, nicht wahr?"

Seine Art zu reden erschien mir ein wenig seltsam, aber der Mann hatte etwas geradezu Magnetisches an sich, und sein Lächeln war so entwaffnend, dass es mich nicht störte, wie er sprach.

Ich gab ihm eine Angelschnur und zeigte ihm, wie man einen Haken mit Winkerkrabben beködert. Er verlor den Köder immer wieder, weil er nicht bemerkte, wie der Fisch ihn heimlich abbiss, aber es schien ihm gar nichts auszumachen, dass er nichts fing. Er erzählte mir, dass er einen der alten, verwitterten Bungalows hinter dem Dock gemietet hätte. „Ich musste mich mal für eine Weile verkriechen", sagte er. „Nicht vor der Polizei oder so, sondern vor Freunden und Verwandten. Also erzähl niemandem, dass du mich gefunden hast, ja?"

Ich war versucht, ihn zu fragen, woher er denn käme, weil seine Art zu reden etwas Sprödes hatte und so ganz anders klang als der weiche Akzent unserer Gegend, der mir vertraut war. Aber ich wagte es dann doch nicht. Er hatte aber erzählt, dass er Lehrer sei, und deshalb fragte ich ihn, was er denn unterrichte.

„Englisch", sagte er. „Aber ich stelle mir das Fach immer gern als einen Zauberkurs vor – als Unterricht über das Geheimnis und den Zauber von Worten. Magst du Worte?"

Ich sagte, dass ich mir darüber eigentlich noch nie Gedanken gemacht hätte. Außerdem wies ich ihn darauf hin, dass bald die Ebbe einsetzen und dann die Strömung zu stark sein würde, um weiterzuangeln. Und dass es auch langsam Zeit zum Frühstücken sei.

„Natürlich", sagte er und zog seine Angelschnur aus dem Wasser. „In letzter Zeit vergesse ich solche Dinge öfters mal." Er hievte sich wieder auf das Dock hoch und zog dabei ein Gesicht, als ob ihn das sehr anstrengte. „Bist du nachher wieder am Fluss?"

Ich sagte, dass ich wahrscheinlich bei Ebbe nach Krabben suchen würde.

„Dann komm doch vorher bei mir vorbei", sagte er. „Vielleicht können wir uns ein bisschen über Worte unterhalten, und du kannst mir zeigen, wie man Shrimps fängt."

So begann eine höchst ungleiche Freundschaft. Ich ging zu ihm, auch wenn ich bis heute nicht so recht weiß, weshalb ich das eigentlich tat. Vielleicht, weil ich in ihm zum ersten Mal einen Erwachsenen kennengelernt hatte, der mich als Gegenüber auf gleicher Augenhöhe wahrnahm. Auf dem Gebiet der Worte und Ideen war er der Lehrer, aber in meinem eigenen Universum des Windes und der Gezeiten war ich der Klügere und Erfahrenere.

Wir gingen fast jeden Tag an einen Platz, den meine jeweilige Laune bestimmte. Manchmal fuhren wir die silbrigen Priele hinauf, wo die Sumpfschildkröten die Uferböschungen hinunterjagten und die großen blauen Fischreiher wie Statuen im Wasser standen. Manchmal schlenderten wir an den Dünen entlang, die gesäumt waren von anmutigem Strandhafer, wo bei Nacht die großen Meeresschildkröten herumkrochen und bei Tag wilde Ziegen weideten. Ich zeigte ihm, wo die Meeräschen schwärmten und wo sich die Flundern mit ihrer verblüffenden Tarnung versteckten. Ich bemerkte, dass er zu keinerlei Anstrengung in der Lage war; selbst das Lichten des Ankers schien schon zu viel für ihn. Aber er beklagte sich nie. Und die ganze Zeit sprach er ununterbrochen, wie ein dahinplätschernder Fluss.

Vieles von dem, was er sagte, habe ich inzwischen vergessen, aber manches steht mir auch so klar und deutlich vor Augen, als wäre es gestern gewesen. An einem Tag saßen wir beispielsweise in einer Senke in den Dünen und beobachteten, wie die Sonne in einem verwischten Lila-Orange unterging. „Worte", sagte er, „sind einfach nur kleine schwarze Zeichen auf Papier, nur Laute in der Luft. Aber überleg mal, wie viel Macht sie haben! Sie können dich zum Lachen bringen oder zum Weinen, dazu, zu lieben oder zu hassen, zu kämpfen oder davonzulaufen. Sie können heilen oder verletzen. Hier!" Er reichte mir eine Muschelschale. „Schreib mal ein Wort in den Sand, das so klingt wie das, was es bedeutet."

Ich stand hilflos da und starrte in den Sand.

„Ach", rief er, „du bist wirklich begriffsstutzig. Es gibt so viele davon! *Flüstern… Zwielicht… bleiern* beispielsweise. Ich sag dir was: Wenn du heute Abend ins Bett gehst, dann überlege dir mal fünf Worte, die so aussehen wie das, was sie bedeuten, und fünf, die so klingen wie das, was sie bedeuten. Und schlaf nicht ein, bevor du damit nicht fertig bist."

Und ich versuchte es dann – schlief aber jedes Mal darüber ein.

An einem anderen Tag ankerten wir ein Stück vom Ufer entfernt und angelten in der Brandung nach Wolfsbarschen. „Rhythmus", sagte er. „Das Leben ist voll davon; und auch Worte sollten einen Rhythmus haben. Aber man muss sein Ohr dafür trainieren. Hör mal in einer ruhigen Nacht auf die Wellen; irgendwann übernimmst du dann deren Rhythmus. Schau dir mal die Muster an, die der Wind in den trockenen Sand zeichnet, und dann siehst du, wie die Silben in einem Satz klingen sollten. Weißt du, was ich meine?"

Mein Verstand wusste es nicht; aber irgendetwas tief in meinem Innern begriff, was er meinte. Auf jeden Fall hörte ich ihm weiter zu.

Ich hörte auch zu, wenn er aus Büchern vorlas, die er manchmal mitbrachte. Oft hielt er inne und wiederholte einen Satz oder eine Zeile, die ihm gefiel. Eines Tages fand er einen solchen Satz in Malorys „Le Morte d'Arthur": „Und das große Pferd wieherte düster."

„Mach die Augen zu", sagte er zu mir, „und sage dir das einmal ganz langsam und laut vor." Ich tat es. „Was für ein Gefühl hast du dabei gehabt?"

„Mir war unheimlich zumute", sagte ich wahrheitsgemäß und er war darüber entzückt.

Aber der Zauber, den er mich lehrte, war nicht nur auf Worte beschränkt. Er hatte die Gabe, die Dinge auf eine Art und Weise zu vermitteln, dass ich plötzlich von Sachen gefesselt war, die ich sonst immer als selbstverständlich betrachtet hatte. Er deutete beispielsweise auf eine Wolkenbank und fragte: „Was siehst du da? Und welche Farben? Doch das ist nicht genug. Halte Ausschau nach Türmen und Zugbrücken. Suche nach Drachen und Fabelwesen und fremdartigen Tieren."

Oder er hob einen Krebs auf, der wild mit den Scheren fuchtelte, hielt ihn vorsichtig am Bauchpanzer fest, wie ich es ihm gezeigt hatte, und sagte: „Stell dir mal vor, du bist dieser Krebs", sagte er. „Was siehst du dann mit seinen Stielaugen? Was fühlst du mit diesen kompliziert konstruierten Beinen? Was geht in deinem winzigen Gehirn vor sich? Versuch es einmal, nur für fünf Sekunden. Sei kein Junge mehr, sondern sei ein Krebs!" Und ich starrte nur staunend auf das wütende Geschöpf und spürte, wie mein vertrautes Ich unter dem Einfluss dieser Vorstellung ein wenig ins Wanken geriet.

Und so vergingen die Tage. Unsere Exkursionen wurden seltener, weil er so schnell müde wurde. Er brachte zwei Stühle mit zum Dock hinunter und ein paar Bücher, aber er las nicht viel. Er schien zufrieden damit, mich beim Angeln zu beobachten, oder er schaute den kreisenden Möwen zu oder dem Fluss, der sich sanft vorbeischlängelte.

Ein plötzlicher Schatten fiel auf mein Leben, als meine Eltern mir sagten, ich würde zwei Wochen in ein Ferienlager fahren. An diesem Nachmittag fragte ich meinen Freund am Dock, ob er noch da sein würde, wenn ich wiederkam. „Das hoffe ich", sagte er leise.

Aber er war nicht mehr da. Ich erinnere mich, wie ich auf den sonnenwarmen Holzplanken des Docks stand und zu dem Bungalow hinüberschaute, dessen Fensterläden alle geschlossen waren, und dabei ein hohles Gefühl von Endgültigkeit und Verlust empfand. Ich rannte zu Jacksons Kaufladen – wo jeder jeden kannte – und fragte, wo der Schullehrer denn sei.

„Er war krank, sehr krank", antwortete Mrs Jackson. „Der Doktor hat seine Verwandten oben im Norden angerufen und ihnen gesagt, sie sollten ihn holen. Er hat etwas für dich hiergelassen – er hat nämlich fest damit gerechnet, dass du nach ihm fragen würdest."

Sie reichte mir ein Buch. Es war ein dünnes Bändchen mit Gedichten, geschrieben von jemandem, dessen Namen ich noch nie gehört hatte: Sara Teasdale. In einer Seite war ein Eselsohr und ein Gedicht war mit einem Sternchen markiert: Es war mit der Zeile „On the Dunes" („Auf den Dünen") überschrieben. Ich habe das Buch heute noch.

If there is any life when death is over,
These tawny beaches will know much of me,
I shall come back, as constant and as changeful
As the unchanging, many-colored sea.
If life was small, if it has made me scornful,
Forgive me; I shall straighten like a flame
In the great calm of death, and if you want me
Stand on the sea-ward dunes and call my name.

Wenn es ein Leben nach dem Tode gibt,
dann werden diese gelbbraunen Ufer viel von mir wissen,
ich werde wiederkommen, so regelmäßig und veränderlich
wie das unveränderliche, vielfarbige Meer.
Wenn das Leben klein war, wenn es mich zynisch gemacht
hat,
vergib mir; ich werde mich aufrichten wie eine Flamme
in der großen Ruhe des Todes, und wenn du mich willst,
stell dich auf die Dünen am Meer und rufe meinen Namen.

Na ja, auf den Dünen gestanden und seinen Namen gerufen habe ich nie. Zum einen, weil ich nie erfahren habe, wie er eigentlich hieß, und zum anderen, weil ich dazu viel zu gehemmt war. Es gab auch immer wieder lange Phasen, in denen ich ihn völlig vergessen hatte. Aber manchmal – wenn Musik oder der Zauber eines Satzes meine Haut zum Kribbeln bringt oder wenn ich einen wütenden Krebs aufhebe oder wenn ich einen Drachen am flammend roten Himmel steigen sehe –, dann erinnere ich mich an ihn.

Jenseits des Scheiterns

In dem Alter, in dem man noch glaubt, man könnte die Welt nach Gutdünken verändern, verließ ich meinen Heimatstaat Georgia und nahm einen Job an – einen sehr kleinen, unbedeutenden Job bei einer Zeitschrift in New York. Ich wollte Schriftsteller werden und hatte mir überlegt, dass ich in dieser Zeitschriftenredaktion genau die Art zu schreiben lernen würde, die gerade gefragt war. Irgendwann würde ich den Job dann kündigen und anfangen, diese kostbare Ware stapelweise zu produzieren, um mich dann nach kurzer Zeit an der Riviera zur Ruhe zu setzen und mich mit Noel Coward und Somerset Maugham anzufreunden.

Ganz so reibungslos klappte es dann allerdings doch nicht. Die Sachen, die ich nach Feierabend oder an den Wochenenden schrieb und unterschiedlichen Verlagen anbot, kamen mit trostloser Regelmäßigkeit wieder zurück. Am Ende des Jahres hatte ich nichts vorzuweisen außer einem stetigen Scheitern.

Na gut, wenn ich also nicht zum Schriftsteller geschaffen bin, sagte ich mir, *dann werde ich doch wenigstens in der Zeitschriftenbranche ganz groß herauskommen.* Um diesen Prozess zu beschleunigen, ging ich jeden Mittag zum Bäcker, kaufte mir ein Brötchen, setzte mich damit auf eine Bank im Central Park und träumte große Träume.

Als ich eines Tages so dasaß und mein Brötchen aß, fragte ich mich, wieso mein Arbeitgeber, dem eine ganze Reihe von Zeitschriften gehörte, eigentlich nicht einige der besonders guten Artikel ins Spanische übersetzen ließ, sie in einer Zeitschrift sammelte und einen Starverkäufer – mich nämlich – damit beauftragte, sie im gesamten lateinamerikanischen Raum zu vertreiben. Das war eine so grandiose Idee, dass ich mich mit einem lauten Ausruf erhob, meine Brotreste den völlig verdutzten Tauben hinwarf und wieder zurück in mein telefonzellengroßes Büro eilte.

Natürlich musste man bei der Umsetzung eines solchen Projektes Probleme einkalkulieren, und zwar in Form von Zollgebühren, Währungsbestimmungen und so weiter. Bevor ich also mit meiner grandiosen Idee auf meinen Chef zuging, beschloss ich, mich ein wenig mehr über diese Details zu informieren. Ich fragte einen Kollegen im Büro, ob er irgendeinen Lateinamerika-Experten kenne.

„Lateinamerika?", fragte er. „Ich nehme an, T. J. Watson drüben bei IBM weiß mehr als jeder andere über Lateinamerika. Die machen doch unglaublich viele Geschäfte da unten."

„IBM?", fragte ich. „Was ist denn das?" Ich hielt es für die Abkürzung für irgendeine Bundesbehörde.

Er sah mich nur mit müder Verachtung an. „*International Business Machines*. Wieso gehst du eigentlich nicht wieder zurück nach Georgia?"

Ich hatte jedenfalls weder jemals von *International Business Machines* gehört noch von diesem T. J. Watson. Aber ganz sicher musste auch er hin und wieder etwas essen, und wenn ich sparsam war, so überlegte ich, könnte ich mir einmal auch zwei belegte Brote leisten – für ihn und für mich – oder vielleicht sogar einen kleinen Imbiss in der Zoo-Cafeteria.

Also rief ich bei IBM an und fragte nach Mr Watson. Als eine Sekretärinnenstimme sich meldete, verkündete ich gut gelaunt, dass ich Mr Watson gern zum Mittagessen einladen würde, um mich mit ihm über Lateinamerika auszutauschen. Ich hätte gehört, er sei auf diesem Gebiet ein echter Experte. Mir persönlich würde es am besten am Freitag passen (da war nämlich Zahltag). Wir könnten dann im Park essen, sagte ich, ohne ein konkretes Lokal zu nennen. Ich könne Mr Watson ja in seinem Büro abholen, oder wir könnten uns auch im Zoo treffen.

„Im Zoo?", wiederholte die Stimme mit einem Hauch Erstaunen.

„In der Zoo-Cafeteria im Central Park", sagte ich jetzt schon ein bisschen ungeduldig. „Würden Sie ihn bitte fragen?"

Die Stimme entfernte sich, kam aber schon bald wieder zurück. Mr Watson würde sich gern mit mir treffen und sich freuen, mich kennenzulernen, sagte sie. Er habe allerdings vorgeschlagen, ich solle doch zu ihm kommen und in seinem Büro mit ihm zu Mittag essen. Angesichts meiner finanziellen Lage kam mir dieser Vorschlag außerordentlich gelegen.

Als ich den IBM-Wolkenkratzer in der 47. Straße betrat und den Mann im Fahrstuhl fragte, ob er zufällig wisse, in welchem Stockwerk jemand namens T. J. Watson arbeite, sah er mich ein wenig seltsam an und nannte mir eine Zahl. In dem besagten Stockwerk rief die Dame am Empfang eine Sekretärin zu sich, die mich in einen Warteraum brachte. Dort kam eine andere Sekretärin auf mich zu und führte mich in einen weiteren Warteraum. Mit jedem Warteraum wurde die Holzvertäfelung dunkler und edler, die Teppiche dicker und die ehrfürchtige Stille tiefer. Und in demselben Maße wuchs auch meine Überzeugung, dass hier irgendjemand einen schrecklichen Fehler machte – und dass dieser Jemand höchstwahrscheinlich ich selbst war.

Als Letztes kam dann keine Sekretärin, sondern ein Sekretär. „Der Chef ist jetzt bereit, Sie zu empfangen", sagte er freundlich.

„Der Chef?", fragte ich heiser. Aber da ging schon die massive Tür auf und gab den Blick in ein Büro frei, das ungefähr so groß war wie der Hauptbahnhof. Ganz am anderen Ende hinter einem riesigen, polierten Schreibtisch saß ein großer, weißhaariger Mann: Thomas J. Watson senior, einer der mächtigsten Industriemagnaten Amerikas. Auf seinem Schreibtisch stand ein kleines Schild mit der Aufschrift „Denke". Und ich dachte auch wirklich – nämlich, dass ich lieber in Georgia hätte bleiben sollen. Er erhob sich mit so viel Zuvorkommenheit, als wäre ich ein Botschafter, der zu Besuch kommt. „Also, junger Mann", sagte er, „es ist nett, dass Sie bei mir vorbeischauen. Setzen Sie sich doch bitte und sagen Sie mir, was ich für Sie tun kann."

Ich kam wie in Trance näher und setzte mich, aber sagen konnte ich nichts. Ich war absolut sprachlos.

Er machte mit der Hand eine Geste. „Lassen Sie sich durch die Umgebung hier nicht irritieren. Als ich in Ihrem Alter war, habe ich in einer Stadt im Norden gearbeitet, die Painted Post hieß. Dort habe ich versucht, Klaviere und Orgeln zu verkaufen. Die Hintergründe verändern sich, aber die Menschen nicht – nicht sehr jedenfalls. Und jetzt erzählen Sie doch mal, worum es bei dieser Geschichte mit Lateinamerika geht."

Irgendwoher bekam ich meine Stimme zurück, wo auch immer sie inzwischen gewesen sein mochte, und ich erzählte ihm von meiner Idee. Er hörte sich alles aufmerksam an. Ich sagte, ich wolle wissen, mit welchen Schwierigkeiten ich bei einem solchen Projekt zu rechnen hätte.

Er nickte. „Das ist gar keine schlechte Idee", meinte er. „Ich werde nach dem Essen dafür sorgen, dass Sie Kontakt mit den richtigen Leuten bekommen." Er drückte einen Knopf, und es erschien ein junger Mann mit einem Notizbuch. Auf dem Umschlag des Notizbuches war in Goldbuchstaben ein Wort eingeprägt: „Denke!"

Mr Watson nannte mir die Namen der Leute, mit denen ich sprechen sollte. „Und wo Sie schon mal dabei sind", sagte er zu seinem Assistenten, „sorgen Sie dafür, dass der junge Mann ein Exemplar von jeder Zeitschrift bekommt, die zurzeit in Lateinamerika erscheint." (Die Zeitschriften kamen dann auch. Bergeweise.)

„So", sagte Mr Watson, „wie wäre es denn jetzt mit einem kleinen Happen zu essen? Es hat mich ja wirklich gereizt, mich im Zoo mit Ihnen zu treffen, denn mich hat bisher noch nie jemand in die Zoo-Cafeteria zum Lunch eingeladen. Aber wir haben hier unsere eigene Kantine, und die Gewohnheit, Zeit zu sparen, wo es geht, ist schwer zu durchbrechen."

Mr Watson und ich hatten ein gutes Mittagessen. Er erzählte mir von IBM, wie die Firma weltweit organisiert ist, die Vorteile, die das für die Mitarbeiter hat, die kleinen Leitsätze, die er gern an Büro- und Fabrikhallenwänden anbrachte. Die Leute nähmen sie nach einer Weile gar nicht mehr bewusst wahr, gab er zu, aber unbewusst hätten sie Auswirkungen auf sie. *Denke* war eine seiner Lieblingsbotschaften. *Hohe Ziele setzen* eine andere. „Und Sie haben sich auf jeden Fall ein ziemlich hohes Ziel gesetzt", sagte er, „als Sie gesagt haben, Sie wollten sich bei mir ein paar Ideen holen. Aber mir gefällt das. Deshalb habe ich auch Ja gesagt."

Ich musste schlucken, gab aber zu, dass ich noch beim Betreten des Gebäudes nicht den Hauch einer Ahnung gehabt hätte, wer er sei. Er lachte. „Das ist ein echter Schlag für mein Ego, aber wahrscheinlich ein ganz gesunder." Er sah mich prüfend an. „Wie viel verdienen Sie zurzeit?"

Ich sagte es ihm, und es war ein ziemlich geringer Betrag.

Er lächelte. „Wenn Sie sich unserer IBM-Familie anschließen möchten, ließe sich da sicher ein bisschen mehr machen, glaube ich."

„Vielen Dank, Sir", sagte ich, „aber Maschinen mögen mich nicht. Was ich irgendwann mal machen möchte …" Ich hielt inne. Eigentlich hatte ich ja bereits entschieden, dass ich niemals Schriftsteller werden würde, aber ich hatte das Gefühl, dass er mich sowieso durchschaute, also erzählte ich ihm von dem einen Jahr mit all meinem Scheitern und den Misserfolgen beim Schreiben und der Unmenge von Absage-Briefen.

Er lehnte sich in seinem Stuhl zurück. „Das ist zwar nicht gerade mein Spezialgebiet", sagte er, „aber soll ich Ihnen ein Rezept für den Erfolg als Schriftsteller geben?" Er zögerte. „Es ist eigentlich ziemlich simpel: Verdoppeln Sie die Absagenquote."

Ich starrte ihn ungläubig an. Das war wirklich keine Weisheit aus dem Lehrbuch.

„Sie machen einen sehr gängigen Fehler", sagte er. „Sie glauben, dass Misserfolg oder Scheitern Feinde des Erfolgs sind, aber das stimmt absolut nicht. Misserfolg ist ein Lehrer – ein harter und strenger vielleicht, aber der beste. Sie sagen, Sie haben einen ganzen Schreibtisch voller abgelehnter Manuskripte? Ist doch großartig! Jedes dieser Manuskripte ist doch aus irgendeinem Grund abgelehnt worden. Haben Sie die Texte auseinandergenommen und nach diesem Grund gesucht? Das muss ich in gewisser Weise auch tun, wenn eine Idee nicht zündet oder ein Verkaufsprogramm nicht funktioniert. Ich muss dafür sorgen, dass mein Scheitern und mein Misserfolg für mich arbeiten."

Er faltete seine Serviette zusammen und legte sie neben seinen Teller. „Sie können sich von Misserfolgen entmutigen lassen – oder Sie können aus ihnen lernen. Also machen Sie weiter Fehler. Machen Sie so viele Fehler, wie Sie können. Und denken Sie dabei daran, dass Erfolg und Misserfolg zwei Seiten ein und derselben Medaille sind."

Ich dachte daran. Mein Schreibtisch war immer noch voll von abgesagten Manuskripten, und als ich meinem Chef meinen tollen Plan für eine Lateinamerika-Zeitschrift vorlegte, da sagte er nur unwirsch: „Glauben Sie, wir haben Geld, um es in einen so verrückten Plan zu stecken? Hören Sie auf, mich damit zu belästigen." Im Grunde war die Idee aber gar nicht so schlecht, und ein oder zwei Jahre später fing *Reader's Digest* an, spanische und portugiesische Ausgaben herauszugeben (die heute die verbreitetsten Zeitschriften in Lateinamerika sind).

Aber das war gar nicht der Punkt. Das Entscheidende war, dass sich irgendwo in meinem Inneren eine Grundeinstellung verändert hatte. Ein abgelehntes Projekt, diverse zurückgesandte Manuskripte – das alles war nichts, wofür man sich hätte schämen müssen. Sie alle waren nur Sprossen einer Leiter – sonst nichts. Ein weiser und vorurteilsfreier Mann hatte mir ein Prinzip offenbart, einen ebenso simplen wie machtvollen Gedanken: Wenn du dich dazu bringen kannst, aus Fehlschlägen zu lernen, gehst du geradewegs auf dein Ziel zu und kannst es auch erreichen.

„Hätte ich bloß ..."

Nichts im Leben ist so aufregend und bereichernd wie eine plötzliche Erleuchtung, die einen nachhaltig verändert – und zwar zum Besseren. Solche Augenblicke sind selten, gewiss, aber jeder erlebt sie hin und wieder. Manchmal geschieht es durch ein Buch, eine Predigt oder eine Gedichtzeile. Manchmal auch durch einen Freund ...

Es war ein kalter Winterabend in Manhattan. Ich saß deprimiert und frustriert in einem kleinen französischen Restaurant und wartete. Aufgrund mehrerer Fehleinschätzungen, die auf meine Kappe gingen, hatte ich ein Projekt, das für mein

Leben sehr wichtig gewesen war, in den Sand gesetzt. Selbst die Aussicht, mich jetzt mit einem lieben Freund zu treffen (dem *alten Mann,* wie ich ihn insgeheim liebevoll nannte), heiterte mich nicht so auf, wie das normalerweise der Fall war. Missmutig und bedrückt saß ich an dem Tisch und dachte über die Dinge nach, die jetzt nicht mehr zu ändern waren.

Endlich kam er über die Straße auf das Lokal zugelaufen. In seinen alten Mantel eingemummelt, den formlosen Filzhut auf seinem kahlen Kopf, sah er eher aus wie ein Gnom als wie ein berühmter Psychiater. Seine Praxis lag ganz in der Nähe, und ich wusste, dass er gerade den letzten Patienten dieses Tages entlassen hatte. Er war fast 80, aber er hatte immer noch genauso viele Patienten wie eh und je. Er benahm sich auch immer noch wie der Leiter einer großen Einrichtung, und er liebte es immer noch genau wie früher, auf den Golfplatz zu flüchten, wann immer sich die leiseste Chance dazu ergab.

Als er schließlich im Lokal angekommen war und am Tisch Platz genommen hatte, brachte ihm der Kellner das übliche Bier. Ich hatte ihn mehrere Monate nicht gesehen, aber er wirkte wie immer unverwüstlich.

„Also, junger Mann", sagte er ohne lange Vorrede, „was bedrückt dich?"

Ich wunderte mich schon lange nicht mehr über seine feine Wahrnehmung, also erzählte ich ihm – ziemlich ausführlich, wie ich einräumen muss –, was mich plagte. Mit einer Art melancholischem Stolz versuchte ich, sehr ehrlich zu sein. Ich gab niemandem als mir selbst die Schuld für meine Enttäuschung. Ich analysierte die ganze Sache, all die Fehleinschätzungen und falschen Schritte. Das ging ungefähr eine Viertelstunde so, während der alte Mann schweigend sein Bier trank.

Als ich fertig war, stellte er sein Glas ab. „Komm", sagte er, „lass uns noch mal in meine Praxis zurückgehen."

„In deine Praxis? Hast du denn etwas vergessen?"

„Nein", sagte er milde. „Ich möchte dort nur deine Reaktion auf eine bestimmte Sache erfahren."

Draußen war es inzwischen regnerisch geworden, aber in seinem Büro war es behaglich warm und einladend: An den Wänden standen Bücherregale und eine lange Ledercouch, über der ein mit einem Autogramm versehenes Foto von Sigmund Freud hing. Am Fenster stand ein Tonbandgerät. Seine Sekretärin hatte schon Feierabend. Wir waren also allein.

Der alte Mann nahm ein Tonband aus einer flachen Schachtel und fädelte es in das Tonbandgerät ein. „Auf diesem Band", sagte er, „sind drei kurze Aufnahmen, die mir persönlich eine große Hilfe gewesen sind. Sie sind selbstverständlich anonym. Ich möchte, dass du dir diese drei Aufnahmen anhörst und dann versuchst herauszufinden, welche Drei-Worte-Aussage der gemeinsame Nenner von allen drei Fällen ist." Er lächelte. „Schau nicht so irritiert drein. Ich habe einen Grund für das, was ich tue."

Die Gemeinsamkeit der drei Stimmen auf dem Tonband bestand meiner Meinung nach darin, dass sie alle sehr unglücklich klangen. Der Mann, der als Erstes sprach, hatte offenbar irgendeine geschäftliche Pleite erlebt; er beschimpfte sich selbst dafür, dass er nicht schwerer gearbeitet und nicht vorausschauender gehandelt hatte. Die Frau, die als Nächste an der Reihe war, hatte aus Pflichtgefühl ihrer verwitweten Mutter gegenüber nie geheiratet. Voller Verbitterung erinnerte sie sich an all die Chancen, die sie hatte verstreichen lassen. Die dritte Stimme gehörte einer Mutter, deren jugendlicher Sohn immer wieder mit dem Gesetz in Konflikt geriet; sie machte sich endlose Vorwürfe und fühlte sich für alles verantwortlich.

Der alte Mann schaltete das Gerät wieder aus und lehnte sich auf seinem Stuhl zurück. „In diesen Aufnahmen kommt der besagte Satz, der so voll ist mit diesem heimtückischen Gift, sechsmal vor. Hast du ihn erkannt? Nein? Nun, vielleicht liegt das ja daran, dass du ihn vorhin im Restaurant selbst dreimal gesagt hast." Er nahm die Schachtel, in der sich das Tonband befunden hatte, und warf sie mir zu. „Da stehen sie, vorn auf dem Etikett. Die drei traurigsten Worte jeder Sprache."

Ich sah es mir an, und dort standen in schwarzen Druckbuchstaben die Worte „Hätte ich bloß".

„Du würdest dich wundern", sagte der alte Mann, „wenn du wüsstest, wie viele Tausend Male ich mir diese reumütigen Sätze schon anhören musste, die alle mit ‚Hätte ich bloß…' anfingen.

Hätte ich bloß etwas anders gemacht – oder es gar nicht gemacht, sagen sie. *Hätte ich bloß* nicht die Beherrschung verloren und etwas so Grausames gesagt, diesen unehrlichen Schritt gemacht oder eine so idiotische Lüge erzählt. *Hätte ich mich bloß* klüger verhalten, nicht so egoistisch. Und dann reden sie weiter und immer weiter, bis ich sie unterbreche. Manchmal spiele ich ihnen einfach diese Aufnahmen vor, die du auch eben gehört hast. ‚Wenn Sie doch bloß', sage ich dann, ‚aufhören würden, *hätte ich bloß…* zu sagen, dann kämen wir vielleicht auch weiter!'"

Der alte Mann streckte seine Beine aus. „Das Problem mit dem *Hätte ich bloß…*", sagte er, „besteht darin, dass es absolut nichts ändert. Es bewirkt nur, dass die betreffende Person weiter in die falsche Richtung schaut, nämlich zurück statt nach vorn. Und das ist reine Zeitverschwendung. Wenn du das zur Gewohnheit werden lässt, dann kann das für dich zu einer echten Blockade werden – einer Ausrede dafür, es erst gar nicht mehr zu versuchen.

Und jetzt nimm mal deine eigene Situation: Dein Plan hat also nicht funktioniert. Warum nicht? Weil du bestimmte

Fehler gemacht hast, und aus Fehlern lernt man. Aber als du mir von deinen Fehlern erzählt hast, dich über dieses beklagt und jenes bedauert hast, da hast du eigentlich nicht aus deinen Fehlern gelernt."

„Woher willst du denn das wissen?", fragte ich ein bisschen verärgert.

„Weil du die ganze Zeit von der Vergangenheit gesprochen hast", sagte der alte Mann. „Du hast nicht ein einziges Mal die Zukunft erwähnt. Und in gewisser Weise – und jetzt sei mal ganz ehrlich – hast du dir darin sogar gefallen. Wir haben alle mehr oder weniger ausgeprägt diese perverse Eigenschaft, auf alten Fehlern herumzureiten. Wenn du die Geschichte von irgendeiner Katastrophe oder Enttäuschung erzählst, die du erlebt hast, dann bist du darin immerhin noch eine Hauptfigur."

Ich schüttelte reumütig den Kopf. „Und was ist dann das Mittel dagegen?"

„Ändere deine Blickrichtung", sagte er wie aus der Pistole geschossen. „Ändere die Schlüsselbegriffe und ersetze sie durch einen Satz, der dich aufbaut, statt dich herunterzuziehen."

„Könntest du mir vielleicht einen Satz empfehlen?"

„Aber sicher. Streiche die Worte *Hätte ich bloß...* und ersetze sie durch *Nächstes Mal...*"

„Nächstes Mal?"

„Ja, genau. Ich habe schon miterlebt, wie dadurch hier in diesem Raum kleine Wunder passiert sind. Solange ein Patient zu mir sagt: *Hätte ich bloß*, hat er ein Problem. Wenn er mir aber in die Augen schaut und sagt: *Nächstes Mal...*, dann weiß ich, dass er jetzt auf dem besten Weg ist, sein Problem zu bewältigen. Es bedeutet, dass er den Entschluss gefasst hat, das, was er aus seinem Erlebnis gelernt hat, auch praktisch umzusetzen, so düster und schmerzlich es auch gewesen sein mag. Es

bedeutet, dass er die Blockade der Reue und des Bedauerns bei-
seiteräumen, weitergehen, aktiv werden und wieder leben will.
Probiere es doch selbst einmal aus – du wirst sehen."

Mein alter Freund hörte auf zu reden. Ich konnte hören,
wie von draußen der Regen gegen die Fensterscheiben trom-
melte. Ich versuchte, einen Satz aus meinen Gedanken hinaus-
zuschieben und ihn durch einen anderen zu ersetzen. Das
fand natürlich nur in meiner Fantasie statt, aber ich konnte
hören, wie die neuen Worte mit einem hörbaren Klick an der
alten, jetzt leeren Stelle einrasteten.

„Und noch ein Letztes", sagte der alte Mann. „Wende diesen kleinen Trick bei Dingen an, die noch geändert werden
können." Er zog etwas aus dem Bücherregal, das aussah wie
eine Art Tagebuch. „Hier ist ein Tagebuch, das vor etwa einer
Generation von einer Frau geführt wurde, die in ihrer Heimatstadt Lehrerin war. Ihr Mann war ein freundlicher, lie-
benswerter Nichtsnutz, charmant, aber als Versorger eine
absolute Katastrophe. Diese Frau musste allein die Kinder
großziehen, für den Lebensunterhalt sorgen und auch noch
irgendwie die Familie zusammenhalten. Ihr Tagebuch ist voller zorniger Verweise auf Jonathans Schwächen und all seine
Unzulänglichkeiten.

Dann starb Jonathan, und die Einträge hörten auf – nur
ein einziger folgte Jahre später, und der hörte sich so an: *Ich
bin heute Superintendentin für alle Schulen geworden, und darauf sollte ich ja wahrscheinlich eigentlich stolz sein. Aber wenn
ich wüsste, dass Jonathan da irgendwo jenseits der Sterne wäre,
und ich wüsste, wie ich es anstellen sollte, dann würde ich noch
heute Nacht zu ihm gehen."*

Der alte Mann klappte behutsam das Buch zu. „Siehst du?
Sie sagt auch: *Hätte ich bloß; hätte ich ihn bloß akzeptiert, mit
seinen Fehlern und allem, was zu ihm gehörte; hätte ich ihn*

bloß geliebt, solange das noch möglich war. In solchen Augenblicken – dann, wenn es zu spät ist, etwas zurückzuholen –, sind diese Worte am allertraurigsten."

Er war ein bisschen steif geworden und stand auf. „So, Schluss jetzt. Es war schön, dich zu sehen, junger Mann, das ist es immer. Wenn du mir jetzt bitte helfen würdest, ein Taxi aufzutreiben ... ich glaube, ich sollte mich langsam auf den Heimweg machen."

Wir traten aus dem Gebäude hinaus in den regnerischen Abend. Ich entdeckte ein Taxi und rannte hin, aber ein anderer Passant war schneller und kam mir zuvor.

„Ach, ach", sagte der alte Mann, „wären wir doch bloß ein paar Sekunden früher unten gewesen, dann hätten wir das Taxi bestimmt noch bekommen, oder?"

Ich lachte und griff sein Stichwort auf. „Nächstes Mal laufe ich schneller."

„Genau", rief der alte Mann und zog sich seinen grotesken Hut über die Ohren. „Genau so ist es!"

Wieder kam ein Taxi und bremste ab. Ich öffnete meinem Freund die Tür, und er lächelte und winkte mir noch einmal zu, als das Taxi davonfuhr. Ich habe ihn nie wiedergesehen. Einen Monat später starb er an einem plötzlichen Herzversagen.

Seit jenem regnerischen Nachmittag ist inzwischen über ein Jahr vergangen. Aber bis heute ist es so, dass ich immer dann, wenn ich *Hätte ich bloß* ... denke, die Worte schnell durch *Nächstes Mal* ... ersetze. Und dann warte ich auf dieses beinah hörbare innere *Klick*. Und wenn ich es dann höre, denke ich an den alten Mann.

Ein ganz kleines Stück Unsterblichkeit wird dann für mich spürbar. Es ist genau die Art von Unsterblichkeit, die er sich gewünscht hätte.

3. Das Geschenk der Selbsterkenntnis

Manchmal scheint es so, als ob jeder dazu verurteilt wäre, mit Handschellen an einen völlig fremden Menschen – nämlich an sich selbst – gefesselt durchs Leben zu gehen. Wer ist dieses sonderbare Wesen, das wirklich jeden Moment unseres Lebens bei uns ist? Wieso verhält es sich so, wie es sich verhält? Wieso all diese falschen Schritte und Fehlgriffe? Wieso diese völlig irrationalen Vorlieben und Abneigungen? Wieso diese unberechenbaren Stimmungen und schwer nachvollziehbaren Impulse?

Es gibt darauf keine einfachen Antworten. Völlig verstehen werden wir uns wohl nie, aber hin und wieder gibt es doch auch Augenblicke der Erkenntnis oder gar Erleuchtung, die uns etwas über uns selbst zu sagen scheinen – und dadurch auch über andere.

Ich frage mich manchmal, ob nicht auch der Ort oder der Hintergrund eine wichtige Rolle im Hinblick auf solche Augenblicke der Selbsterkenntnis spielt. Ich persönlich habe jedenfalls viele tiefe Erkenntnisse am Meer oder ganz in der Nähe des Meeres gehabt. Bei anderen sind es vielleicht die Berge oder sogar die Wüste. Entscheidend ist, dass es eine Umgebung ist, in der starke Kräfte wirksam sind.

Mir fällt außerdem auf, dass es zu solchen Augenblicken höchst selten kommt, wenn es einem gut geht und man mit sich und der Welt zufrieden ist. Sie stellen sich eher ein, wenn man mutlos ist, verärgert oder zumindest in sich gekehrt und nachdenklich.

Wirkt da das Gesetz des Ausgleichs?

Vielleicht.

Gezeitenwechsel

Vor gar nicht langer Zeit kam ich in eine dieser trübsinnigen Phasen, die wohl viele Menschen hin und wieder erleben, eine Art plötzliches Absinken der Verlaufskurve des Lebens, eine Zeit, in der alles irgendwie trostlos und öde ist, in der die Energie schwindet und die Begeisterung gegen null geht. Die Auswirkungen auf meine Arbeit waren erschreckend. Jeden Morgen biss ich wieder aufs Neue die Zähne zusammen und murmelte: „Heute wird das Leben ein bisschen von seinem alten Sinn zurückbekommen. Ich muss diese Phase unterbrechen. Ich muss einfach!"

Aber es verging ein unfruchtbarer und trostloser Tag nach dem anderen und diese innere Lähmung wurde immer schlimmer. Irgendwann wurde mir klar, dass ich mir Hilfe suchen musste.

Der Mann, an den ich mich zu diesem Zweck wandte, war Arzt. Kein Psychiater, sondern einfach nur Arzt. Er war älter als ich und unter seiner oberflächlichen Griesgrämigkeit verbargen sich viel Weisheit und Verständnis. „Ich weiß nicht, was los ist", erzählte ich ihm kläglich. „Ich bin anscheinend in eine Sackgasse geraten. Können Sie mir helfen?"

„Das weiß ich nicht", sagte er sehr langsam und sah mich lange nachdenklich an. Dann fragte er abrupt: „Wo waren Sie als Kind am glücklichsten?"

„Als Kind?", wiederholte ich. „Also, ich glaube, am Strand. Wir hatten da eine Sommerhütte und waren alle schrecklich gern dort."

„Sind Sie in der Lage, einen Tag lang Anweisungen zu befolgen?"

„Ich denke schon", antwortete ich. Ich war bereit, mich wirklich auf alles einzulassen.

Er riet mir, ich solle am folgenden Morgen allein an den Strand fahren, und zwar spätestens um neun Uhr morgens. Ich könne etwas zum Mittagessen mitnehmen, dürfe aber weder lesen noch schreiben, weder Radio hören noch mit jemandem reden. „Außerdem verschreibe ich Ihnen noch etwas. Das müssen Sie alle drei Stunden nehmen", sagte er.

Er riss vier Blätter von seinem Rezeptblock ab, schrieb auf jedes davon ein paar Worte, faltete sie zusammen, nummerierte sie und gab sie mir. „Nehmen Sie die jeweils um neun, um zwölf, um drei und um sechs."

„Meinen Sie das ernst?"

Er gab ein kurzes, bellendes Lachen von sich und sagte: „Spätestens, wenn Sie meine Rechnung bekommen, werden Sie es nicht mehr für einen Scherz halten."

Am nächsten Morgen fuhr ich dann mit ziemlich wenig Zutrauen in seine Anweisungen an den Strand. Ich war wirklich allein dort! Ein steifer Nordostwind blies und das Meer sah grau und zornig aus. Ich saß im Auto und der graue Tag erstreckte sich endlos vor mir. Ich holte den ersten Zettel heraus, faltete ihn auseinander und las: *Hör genau hin!*

Ungläubig starrte ich die drei Worte an und dachte, der Arzt müsse wirklich verrückt sein. Er hatte mir doch Musik, Nachrichten und Gespräche mit anderen Menschen ausdrücklich verboten. Was sollte ich denn da wohl hören?

Ich hob den Kopf und hörte genau hin. Es gab kein Geräusch außer dem stetigen Branden des Meeres, dem Kreischen einer Möwe und dem Dröhnen eines Flugzeugs hoch über mir. Als ich aus dem Auto stieg, schlug eine Windbö die Tür mit einem dumpfen Geräusch zu. Ob ich wohl, so fragte ich mich, auch bei solchen Geräuschen genau hinhören soll?

Ich stieg auf eine Düne und schaute auf den verlassenen Strand hinunter. Hier toste das Meer so laut, dass alle anderen Geräusche davon verschluckt wurden. Und trotzdem, so dachte ich plötzlich, musste es doch auch noch Geräusche hinter den Geräuschen geben – das leise Knistern des wehenden Sandes, das kaum wahrnehmbare Rascheln im Dünengras –, wenn man nah genug heranging, um sie zu hören.

Einem Impuls folgend bückte ich mich, wobei ich mir ehrlich gesagt ziemlich lächerlich vorkam, und steckte meinen Kopf in ein Büschel Strandhafer. Dabei machte ich dann eine Entdeckung: Wenn man genau hinhört, gibt es diesen Bruchteil eines Augenblicks, in dem alles stillzustehen scheint. In diesem Moment der Stille bleiben die rasenden Gedanken stehen. Einen Augenblick lang muss man die lärmenden Stimmen von außen zum Schweigen bringen, wenn man etwas außerhalb von einem selbst wirklich hören will, und in diesem Augenblick kommen die Gedanken zur Ruhe.

Ich ging wieder zum Wagen zurück und rutschte hinter das Lenkrad. *Hör genau hin!* Während ich wieder auf das tiefe Grollen des Meeres horchte, merkte ich, wie ich über seine Unermesslichkeit nachdachte, seinen gewaltigen Rhythmus, die samtene Leinwand, die es für das Mondlicht darstellte, und die weißzahnige Wucht seiner Stürme.

Ich dachte an all das, was das Meer uns als Kinder gelehrt hatte. Ein gewisses Maß an Geduld (man kann die Gezeiten nicht beschleunigen). Ein großes Maß an Respekt (das Meer bestraft Dummköpfe gnadenlos). Ein Bewusstsein von der gewaltigen und geheimnisvollen Abhängigkeit der Dinge voneinander (Wind und Gezeiten und Strömung, Windstille und Böen und Sturm, und alle zusammen bestimmen sie den Weg der Vögel darüber und der Fische tief unten). Und die Reinheit all dessen, denn jeder Strand wird zwei Mal am Tag vom großen Besen der Flut sauber gefegt.

Als ich so dasaß, wurde mir klar, dass ich über Dinge nachdachte, die größer waren als ich, die über mein kleines Leben hinausreichten, und das hatte irgendwie etwas Befreiendes.

Trotzdem verging der Morgen nur sehr langsam. Die Gewohnheit, mich mit aller Kraft auf ein Problem zu stürzen, war so stark, dass ich mich ohne das ganz verloren fühlte. Als ich einmal sehnsüchtig einen Blick auf das Autoradio warf, kam mir ein Satz von Carlyle in den Sinn: „Stille ist das Element, in dem die großen Dinge entstehen."

Als es Mittag war, hatte der Wind die Wolken vom Himmel gefegt, und das Meer funkelte klar und fröhlich. Ich faltete das zweite „Rezept" auseinander, und wieder saß ich halb belustigt und halb verärgert da. Diesmal standen vier Worte darauf: *Versuch dich zu erinnern!*

Erinnern – woran? Nun ja, offensichtlich ging es hier um die Vergangenheit. Aber warum, wo sich doch all meine Sorgen auf die Gegenwart und die Zukunft bezogen?

Ich stieg wieder aus dem Wagen und fing an, durch die Dünen zu wandern. Der Arzt hatte mich an den Strand geschickt, weil es ein Ort war, mit dem ich glückliche Erinnerungen verband. Vielleicht war es das, woran ich mich erinnern sollte: an den Reichtum des Glücks, das bereits halb vergessen hinter mir lag.

Ich fand einen geschützten Platz und legte mich in den sonnenwarmen Sand. Als ich versuchte, in den Brunnen der Vergangenheit hinabzublicken, waren die Erinnerungen, die dabei hochkamen, angenehm, aber nicht besonders klar. Also beschloss ich, etwas auszuprobieren: Ich würde an diesen schemenhaften Eindrücken arbeiten, wie es ein Maler tun würde. Ich würde die Farben retuschieren und die Umrisse nachzeichnen. Ich würde konkrete Ereignisse und Erlebnisse auswählen und so viele Einzelheiten wie möglich

wiedererstehen lassen. Ich würde mir Menschen bildlich vorstellen, mit ihrer Kleidung, den typischen Gesten, und ich
würde *genau hinhören*, um den exakten Klang ihrer Stimmen
wahrzunehmen, das Echo ihres Lachens.

Inzwischen ging die Flut langsam zurück, aber ich hörte
immer noch die donnernde Brandung. Ich beschloss also, in
der Zeit zurückzugehen zu meinem ersten Angelausflug mit
meinem jüngeren Bruder, der im Zweiten Weltkrieg im Pa-
zifik gefallen ist. Ich stellte fest, dass ich ihn, wenn ich die
Augen schloss und mich wirklich anstrengte, erstaunlich lebendig vor mir sehen konnte, sogar seinen Humor und den
Eifer in seinem Blick an jenem Morgen vor langer, langer
Zeit.

Ja, ich konnte wirklich alles sehen: den elfenbeinfarbenen,
krummsälbelförmigen Strandabschnitt, an dem wir angelten, den Osthimmel mit orangefarbenen Schlieren des Son-
nenaufgangs, die großen Brecher, die unablässig heranroll-
ten, langsam und stetig. Ich spürte den Sog, wenn die Wellen
wieder zurückflossen und dabei lauwarm meine Knie um-
spülten. Ich sah, wie sich die Angel meines Bruders plötzlich
bog, als ein Fisch anbiss und hörte seinen begeisterten Auf-
schrei. Stück für Stück setzte ich das Bild wieder zusammen,
klar und unverändert unter dem transparenten Lack der Zeit.
Und dann war es wieder weg.

Langsam richtete ich mich in eine sitzende Position auf.
Versuch dich zu erinnern! Glückliche Menschen waren normalerweise sichere, zuversichtliche Menschen. Wenn man
sich also bewusst erinnerte und wieder in Berührung mit
dem Glück von damals kam – ob dann nicht kleine Kraft-
blitze entstanden und zu winzigen Kraftquellen wurden?

Diese zweite Phase des Tages verging schon schneller als
die erste. Als die Sonne dann zu ihrem langen Abstieg vom

Himmel ansetzte, bewegte sich meine Seele weiträumig durch die Vergangenheit, erweckte ein paar Episoden zu neuem Leben, legte andere frei, die ich schon fast völlig vergessen hatte. Beispielsweise einen Tag, als ich 13 war und mein Bruder 10. Mein Vater hatte uns versprochen, mit uns in den Zirkus zu gehen, aber dann kam um die Mittagszeit ein Anruf von seiner Firma. Es gab irgendeine dringende geschäftliche Angelegenheit, die seine Anwesenheit dort erforderte und angeblich keinen Aufschub duldete. Mein Bruder und ich wappneten uns schon sicherheitshalber gegen die Enttäuschung, die jetzt offenbar anstand, aber dann hörten wir ihn sagen: „Nein, ich kann nicht in die Firma kommen. Das muss warten."

Als er wieder an den Tisch kam, lächelte unsere Mutter. „Der Zirkus kommt doch bestimmt noch mal wieder."

„Ich weiß", sagte mein Vater. „Aber die Kindheit nicht."

All die Jahre hindurch hatte ich das in Erinnerung behalten, und an dem plötzlichen warmen Gefühl tief in meinem Inneren erkannte ich, dass keine Freundlichkeit je verschwendet oder vertan ist.

Gegen 15:00 Uhr war das Wasser dann vollständig abgelaufen. Es war Ebbe; das Geräusch der Wellen nur noch ein rhythmisches Flüstern in der Ferne, wie der Atem eines Riesen. Ich blieb in meiner Sandkuhle und fühlte mich entspannt und behaglich – und ein bisschen selbstzufrieden. *Die Rezepte des Arztes*, dachte ich, *sind tatsächlich einfach anzuwenden.*

Auf das nächste war ich dann allerdings nicht gefasst. Diesmal waren die drei Worte nicht nur ein behutsamer Vorschlag, sondern sie muteten eher wie ein Befehl an: *Überprüf deine Motive!*

Meine erste Reaktion war Abwehr. *Mit meinen Motiven ist alles in Ordnung*, sagte ich mir. *Ich möchte erfolgreich sein – wer will das nicht? Ich möchte ein gewisses Maß*

an Anerkennung – aber das will doch jeder. Ich möchte mehr
Sicherheit, als ich gehabt habe – warum auch nicht?

„Vielleicht", sagte eine leise Stimme, „sind diese Motive ja
nicht befriedigend. Vielleicht ist das ja der Grund, weshalb es
nicht mehr rund läuft."

Ich nahm eine Handvoll Sand auf und ließ ihn zwischen
meinen Fingern hindurchrieseln. In der Vergangenheit hatte
meine Arbeit, wenn sie gut gelaufen war, immer etwas Spon-
tanes gehabt, etwas Unbekümmertes, Freies. In letzter Zeit
war sie eher geplant gewesen, professionell – und tot. Warum?
Weil ich ständig nur auf den Lohn geschaut hatte, den ich dadurch zu bekommen hoffte. Die Arbeit war nicht mehr nur
Selbstzweck, sondern sie war zu einem Mittel geworden, um
Geld zu verdienen und den Lebensunterhalt zu bestreiten.
Das Gefühl, etwas zu geben, Menschen zu helfen, einen Bei-
trag zu leisten, war im fast panischen Sicherheitsstreben verloren gegangen.

In einer Art Geistesblitz erkannte ich, dass, die Dinge nicht
wirklich gut laufen, wenn mit den Motiven eines Menschen
etwas nicht stimmt. Und dabei ist es völlig egal, ob man Brief-
träger ist, Friseur, Versicherungsvertreter, Hausfrau oder
sonst etwas. Solange man das Gefühl hat, anderen damit zu
dienen, macht man seinen Job gut. Wenn man nur noch darauf bedacht ist, sich selbst zu helfen, macht man ihn nicht
mehr so gut – ein Gesetz, das so unausweichlich gilt wie das
der Schwerkraft.

Lange saß ich so da. Ich hörte, wie sich in der Ferne, draußen an der Sandbank, durch den Gezeitenwechsel das Murmeln der Brandung in ein dumpfes, monotones Brüllen ver-
wandelte. Die Lichtspeere am Himmel hinter mir durchzogen
fast horizontal die Wolken. Meine Zeit am Strand war beinah
zu Ende, und ich empfand eine widerwillige Bewunderung

für den Doktor und seine „Rezepte", die er sich so beiläufig und schlau ausgedacht hatte. Ich erkannte jetzt, dass in ihnen eine therapeutische Steigerung steckte, die durchaus auch für jemand anderen mit ähnlichen Problemen hätte von Wert sein können.

Hör genau hin: Um die hektischen Gedanken zu beruhigen, verlangsame sie, verschiebe den Fokus von den inneren Problemen auf das Äußere.

Versuch dich zu erinnern: Weil der menschliche Verstand nur einen Gedanken zur gleichen Zeit fassen kann, blendet man die gegenwärtigen Sorgen aus, wenn man an glückliche Erlebnisse in der Vergangenheit zurückdenkt.

Überprüf deine Motive: Das war der harte Kern der sogenannten Therapie – diese Herausforderung, die Dinge neu zu bewerten, die eigenen Motive mit den Fähigkeiten, Ängsten und dem Gewissen in Einklang zu bringen. Dazu musste jedoch das Denken klar und empfänglich sein – und deshalb hatte ich zuvor die sechs Stunden der Stille gebraucht.

Der Himmel im Westen war eine Explosion in Purpur, Orange und Violett, als ich jetzt den letzten Zettel hervorholte. Diesmal standen sechs Worte darauf. Ich ging auf dem Sand langsam weiter in Richtung Wasser hinaus. Ein paar Meter vor der Hochwassermarke blieb ich stehen und las die Worte noch einmal: *Schreib deine Sorgen in den Sand!*

Ich hielt den Zettel in den Wind und ließ ihn davonwehen, dann bückte ich mich und hob ein Stück Muschelschale auf. So unter dem Himmelszelt kniend schrieb ich ein paar Worte in den Sand, immer eines neben das andere.

Dann ging ich fort, ohne mich noch einmal umzudrehen. Ich hatte meine Sorgen in den Sand geschrieben. Die Flut kam.

Der Weg der Annahme

Vor ein paar Jahren bekamen Freunde von uns die schlimme Nachricht, dass ihr Sohn, der im Teenageralter war, erblinden würde und dass man dagegen nichts mehr tun könne. Alle zerriss es förmlich vor Mitleid mit der Familie, aber sie selbst blieben ganz ruhig und beklagten sich nicht. Als wir eines Abends nach einem Besuch bei ihnen ihr Haus verließen, versuchte ich zum Ausdruck zu bringen, wie sehr ich ihre Stärke bewunderte.

Ich erinnere mich noch genau, wie der Vater des Jungen nach oben zu den Sternen schaute und sagte: „Also, meiner Meinung nach haben wir drei Möglichkeiten: Wir können das Leben dafür verfluchen, dass es uns so etwas antut, und dann nach einer Art suchen, um unseren Schmerz und unsere Wut zum Ausdruck zu bringen. Oder wir können die Zähne zusammenbeißen und es durchstehen. Oder wir können es annehmen. Die erste Möglichkeit ist völlig sinnlos. Die zweite ist fruchtlos und führt nur zur Erschöpfung. Also ist die dritte der einzige Weg."

Der Weg der Annahme. Wie oft wird dieser Weg von Menschen verworfen, die sich weigern, sich ihre Einschränkungen einzugestehen, die sich hinter der Leugnung des Problems und Ausflüchten verstecken. Die mit Ablehnung und Bitterkeit auf Probleme reagieren. Aber auch umgekehrt gilt: Wie oft muss man als ersten schmerzlichen Schritt zur Wiederherstellung einer beschädigten oder zerbrochenen Freundschaft zuerst einmal diese dornige und schwierige Tatsache akzeptieren? Man muss sich zunächst damit auseinandersetzen, bevor die Wiederherstellung überhaupt beginnen kann.

Dieser Grundsatz zieht sich wie ein roter Faden durch den gesamten Webteppich des Lebens. Nehmen wir als Beispiel einmal den Alkoholismus – diese ebenso düstere wie rätselhafte Krankheit. Womit beginnt die Genesung? Sie beginnt damit, dass man das Unannehmbare akzeptiert, und zwar mit den kompromisslosen drei Worten, mit denen sich Mitglieder der Anonymen Alkoholiker einander vorstellen. „Ich bin Alkoholiker."

Oder nehmen wir eine gescheiterte Ehe – eine Ehe, die in die Brüche gegangen ist oder kurz davorsteht. Jeder Eheberater wird bestätigen, dass keine Versöhnung möglich ist, solange sich die Partner nicht gegenseitig annehmen, und zwar mit ihren Fehlern und Unzulänglichkeiten, als fehlbare, unvollkommene Menschen. Und sie müssen auch die Tatsache akzeptieren, dass die Schuld für ihre Probleme gemeinsame Schuld ist und deshalb geteilt werden muss.

Schwierig? Ja, schrecklich schwierig. Aber wenn der Istzustand einmal benannt und akzeptiert worden ist, dann kann der Lohn Mut, Gelassenheit und sogar Glück sein. Ich kannte einen Pastor, der durch eine Erbkrankheit fast taub und blind geworden war. Doch statt sich zu bemitleiden predigte er einfach weiter, besuchte die Kranken, hörte den Menschen mithilfe eines Hörgeräts zu, lachte schallend über Witze, verschenkte sich an andere – und es ging ihm dabei wunderbar.

Einmal ging ich kurz vor Weihnachten mit ihm in einen völlig überfüllten Laden, um dort noch schnell ein paar Kleinigkeiten zu besorgen. An der Rückseite der Ladentür war ein Spiegel angebracht, und zwar so, dass mein Freund, als wir wieder gehen wollten, sich selbst darin spiegelte. Weil er glaubte, es käme ihm jemand entgegen, trat er beiseite, um Platz zu machen. Sein Spiegelbild tat natürlich genau dasselbe. Wieder machte er einen Schritt nach vorn und wieder stand er sich selbst gegenüber. Erneut trat er beiseite.

Inzwischen hatte sich eine unbehagliche Stille unter den Umstehenden breitgemacht. Niemand wusste so recht, was man sagen oder tun sollte. Bei seinem dritten Ausweichmanöver merkte mein Begleiter endlich, dass er einen Spiegel vor sich hatte. „Ach so", sagte er, „das bin ja nur ich!" Und dann machte er eine elegante Verbeugung. „Schön, dich zu sehen, alter Junge! Frohe Weihnachten!" Der ganze Laden brach in begeistertes Gelächter aus. Ich hörte jemanden murmeln: „Der Mann hat wirklich das, was man braucht." Und dieses „das" war ganz sicher die Gabe der Annahme – der Annahme der eigenen Begrenztheit, die wiederum die Kraft mit sich bringt, diese Begrenztheit zu überwinden.

Gibt es eine Möglichkeit, für diese Gabe empfänglich zu werden? Zu lernen, sich von den unvermeidbaren Pfeilen zu erholen, die das Ego verletzen und eine echte seelische Prüfung sind? Eine Möglichkeit besteht darin, sich seiner Schwierigkeit, seinem Problem, seinem Verlust zu stellen, sie ganz bewusst anzuschauen und dann zwei Worte zu sagen, die unschlagbar sind: *und trotzdem*.

Ich habe letzten Sommer in Kalifornien einen Mann kennengelernt, der Fallschirmspringer war, bis sich bei seinem 19. Sprung der Hauptschirm nur unvollständig öffnete und der Notfallschirm sich um den halb geöffneten Hauptschirm wickelte. Er schlug mit einer Geschwindigkeit von etwa 200 Stundenkilometern im Bett eines ausgetrockneten Sees auf. Die Ärzte waren der Meinung, dass das, was von dem Mann noch übrig war, niemals wieder das Krankenhausbett verlassen würde. Das sagten sie ihm auch, und er versank in tiefste Verzweiflung.

Im Krankenhaus bekam er jedoch häufig Besuch von einem anderen Patienten, einem Mann, der nach einem Autounfall querschnittgelähmt war. Dieser Mann würde nie wieder gehen, ja noch nicht mal einen Finger bewegen können, aber er war immer heiter und guter Dinge. „Ich wünsche meine Situation wirklich niemandem", pflegte er zu sagen. „Und trotzdem – ich kann lesen, ich kann Musik hören, ich kann mit Menschen reden…"

Und trotzdem: Diese beiden Worte verschieben den Fokus von dem, was man verloren hat, auf das, was geblieben ist – und was man noch hinzugewinnen kann. Und diese Worte gaben dem Fallschirmspringer so viel Hoffnung und Entschlossenheit, dass er die ganze Katastrophe überstand und heute sogar wieder gehen kann, ohne zu humpeln.

Manche Leute verwechseln Annahme mit Lethargie, aber zwischen den beiden besteht ein himmelweiter Unterschied. Lethargie unterscheidet nicht zwischen dem, was sich ändern, und dem, was sich nicht ändern lässt; Annahme dagegen schon. Lethargie lähmt den Willen zu handeln, Annahme befreit diesen Willen von seinen Lasten.

Dwight Eisenhowers Mutter war eine tiefgläubige Frau. Als der künftige Präsident noch ein Junge war, sagte sie zu ihm: „Das Leben teilt zwar die Karten aus, aber wie du damit spielst, das hängt ganz allein von dir ab." Diese Philosophie hat etwas von Annahme – aber sie ist absolut nicht passiv oder gar lethargisch.

Und auch dass unsere Freunde die Erblindung ihres Sohnes akzeptieren konnten, hatte so gar nichts Lethargisches. Sie halfen ihm, die Blindenschrift zu lernen, und überzeugten ihn davon, dass sein Leben auch dann gelingen und glücklich werden konnte, wenn er es im Dunkeln verbringen musste. Inzwischen hat er angefangen zu studieren und macht seine Sache hervorragend. Seine innere Haltung ist von Heiterkeit und großer Gelassenheit geprägt: „Meine Behinderung ist Blindheit – und deine?"

In Fällen wie diesem befreit Annahme Menschen dazu, die Fesseln des Selbstmitleids zu sprengen. Wenn man den Schicksalsschlag und die damit verbundene Enttäuschung erst einmal akzeptiert, dann ist man frei – frei für neue Vorhaben, die wunderbar gelingen können.

Ich erinnere mich, wie ich ganz früh in meinem Leben einen Vorgeschmack auf diesen Zusammenhang bekommen habe. Als ich während meines ersten Jahres am College einmal zu einem Kurzbesuch zu Hause war, stand mir eine unangenehme Aufgabe bevor: Ich musste meinen Eltern sagen, dass meine kühnen Pläne, mir meinen Lebensunterhalt selbst zu verdienen, sich nicht realisieren lassen würden.

Zu dem Job, um den ich mich beworben hatte, gehörte es unter anderem, etwas zu verkaufen. Die Konzession für den Waschsalon und die Reinigung auf dem Campus lag bei den Studenten. Die jeweils neuen Studenten konnten um Jobs in diesen Einrichtungen konkurrieren, indem sie Service-Verträge beispielsweise an Hotels, Gaststätten oder sonstige Firmen verkauften. Ich wartete bis zu meinem letzten Abend zu Hause, bis ich mit der Sprache herausrückte. Endlich erzählte ich meinen Eltern, dass ich mein Bestes gegeben hatte, aber leider nicht unter den erfolgreichen Kandidaten gewesen war.

„Und warum nicht?", fragte mein Vater.

Nichts bleibt einem so unauslöschlich im Gedächtnis wie Augenblicke, in denen man an das eigene Versagen erinnert wird. Ich weiß noch ganz genau, wie das Kohlenfeuer hinter dem Kamingitter im Wohnzimmer meiner Eltern knisterte und die flackernden Flammen Schatten auf die Bücherregale warfen. „Weil ich einfach ein miserabler Verkäufer bin", sagte ich sehr langsam. „Ich werde immer schrecklich unsicher und mutlos, wenn ich etwas an den Mann oder die Frau bringen soll. Das können andere viel besser. Für mich ist das einfach das falsche Gebiet, das ist alles."

Ich wartete jetzt auf die Vorhaltungen, die Ermahnung, die „Du kannst alles erreichen, wenn du dir nur Mühe gibst"-Predigt, aber es blieb ganz still im Zimmer. Schließlich lachte mein Vater freundlich. „Na gut", sagte er, „das ist doch in Ordnung. Es ist genauso wichtig herauszufinden, was man nicht kann, wie herauszufinden, was man kann. Und jetzt lass uns das Ganze vergessen und überlegen, wie wir dich in das richtige berufliche Gebiet bekommen."

Annehmen, vergessen, weitergehen. Es gibt viele berühmte Leute, die ihr Leben nach diesem Grundsatz ausgerichtet haben. Abraham Lincoln hat einmal einem Besucher erzählt, dass er im Chaos des Bürgerkriegs sein Bestes gegeben habe, und zwar ungeachtet aller Kritik. Dabei sei er auch bis zum Schluss geblieben. „Wenn ich am Ende gut dastehe", hatte er dann noch hinzugefügt, „dann führt das, was gegen mich gesagt worden ist, zu gar nichts. Wenn ich am Ende schlecht dastehe, dann würden auch zehn Engel, die schwören, dass ich alles richtig gemacht habe, nichts daran ändern." Das war also *seine* Art, seine Annahme der unglaublichen Verantwortung und der schrecklichen Einsamkeit seiner Präsidentschaft zu beschreiben.

Genau wie ein solches Annehmen der Realität letztlich belohnt wird, wird das Nichtannehmen bestraft. Wir kannten einmal ein Ehepaar, das drei Kinder hatte. Das älteste Kind war ein Mädchen, das gutmütig, aber sehr langsam war. Es war klar und offensichtlich, dass sie eine leichte geistige Behinderung hatte, aber die Eltern brachten es einfach nicht fertig, das anzunehmen. Sie behandelten ihr Kind so, als hätte es normal entwickelte Fähigkeiten. Sie ließen sie Schulen besuchen, in denen sie nicht mitkam. Sie verlangten Leistungen von ihr, die sie unmöglich erbringen konnte. Sie versuchten die Welt so umzugestalten, dass sie den Einschränkungen ihrer Tochter entsprach, und vernachlässigten dabei auch die Bedürfnisse der anderen beiden Kinder. Sie meinten es wirklich gut, denn sie wollten natürlich das Beste für ihre Kinder und waren davon überzeugt, dass sie das Richtige taten. Aber ihre Weigerung, ihr Kind so anzunehmen, wie es wirklich war, machte für alle Familienmitglieder das Leben zu einer schweren Last.

Vielleicht liegt langfristig der Anfang aller Weisheit in dem simplen Eingeständnis, dass die Dinge nun mal nicht immer so sind, wie wir sie gern hätten; dass wir nicht so gut oder so freundlich oder so fleißig sind, wie wir es gern glauben würden. Und *trotzdem – und trotzdem –*, mit jedem Sonnenaufgang beginnt ein neuer Tag, eine neue Herausforderung, eine neue Chance, es besser zu machen.

Oh Herr, lautet eine Version des Gebetes von Reinhold Niebuhr, *gib mir die Kraft, die Dinge zu ändern, die ich ändern kann, den Mut, die Dinge anzunehmen, die ich nicht ändern kann, und die Weisheit, das eine vom anderen zu unterscheiden.*

Man nennt dieses Gebet auch das Gebet der Annahme – und genau das ist es auch.

Selbsterneuerung

Vor gar nicht langer Zeit war ich mit einer Gruppe von Wissenschaftlern zusammen, die über neue Entwicklungen sprachen, durch die sich diese Welt radikal verändern wird. Ein Kommunikationswissenschaftler berichtete von Versuchen, die darauf hindeuten, dass irgendwann Hunderte von Fernsehprogrammen gleichzeitig durch ein Kabel von der Dicke eines Menschenhaares gesendet werden können. Ein Physiker beschrieb die Verwendung von Laserstrahlen – gebündelten Lichtstrahlen – in der Medizin. Eine beschädigte Netzhaut im Auge, so sagte er, könne mithilfe dieser erstaunlichen Lichtbündel wieder angeschweißt werden. Diese Aufzählung unserer unglaublichen Fähigkeiten, bisher nicht vorhandene Möglichkeiten auf physikalischem Gebiet zu nutzen, ging immer weiter. Aber niemand erwähnte auch nur ein einziges Mal die Frage, wie die im Menschen selbst vorhandenen Kräfte freigesetzt werden können, und das ist ganz sicher die größte Herausforderung von allen!

In jedem von uns gibt es ungeheure, ungenutzte Energiequellen. Hin und wieder kommen wir durch Glück oder Zufall mit diesen geheimnisvollen Reserven in Berührung. Wir empfinden eine gewaltige Woge des Selbstvertrauens, der Kreativität, des Wohlbefindens, aber dann wird dieser Kreislauf urplötzlich unterbrochen, und wir sind wieder nur der/die alte Langweiler/-in.

Es gibt aber offenbar auch ein paar wenige Menschen, bei denen dieser Kreislauf immer bestehen bleibt, ohne unterbrochen zu werden. Solche Menschen sind vitaler, dynamischer, produktiver, lebendiger und kreativer als die meisten anderen. Sie werden selten müde. Sie sind fast nie mutlos. Irgendwie haben sie das Geheimnis der Selbsterneuerung gelüftet.

Als ich nach der besagten Zusammenkunft mit den Wissenschaftlern darüber nachdachte, ging ich die Namen von Freunden durch, die anscheinend in diese Kategorie gehörten: ein Pastor in Manhattan, ein Versicherungsmanager in Chicago, ein Psychiater in Colorado und eine verwitwete alte Dame in meiner Heimatstadt. Ich beschloss, diese vier Leute aufzusuchen und zu fragen, ob sie irgendeine Ahnung hätten, was es mit dem Geheimnis der Selbsterneuerung auf sich hätte.

Mein Freund, der Pastor, saß in Manhattan in seinem Arbeitszimmer und sah mich nachdenklich an. „Selbsterneuerung? Na ja, eigentlich geht es beim gesamten Glauben ja genau darum, oder? Du sprichst von psychischer Energie – der Eigenschaft, die aller Begeisterung, allem Eifer, allem Tatendrang und sogar aller Moralität zugrunde liegt."

„Moralität?"

„Auf jeden Fall. Wenn Menschen sich schlecht benehmen, wenn sie aus ihrem Leben ein einziges Durcheinander machen, dann liegt das doch oft daran, dass sie einfach nicht die innere Stärke haben, ihre Probleme zu lösen. Sie sind gar keine schlechten Menschen, sondern kaputt; nicht böse, sondern erschöpft und ausgelaugt."

„Und hast du eine Antwort?"

Er lächelte. „Ich halte eigentlich nicht besonders viel von zu simplen Antworten, die machen mich eher misstrauisch. Aber manchmal gebe ich folgenden Rat: *Lass dich hin und wieder darauf ein, gut zu sein.* Ich meine damit nicht ein masochistisches Selbstopfer, sondern das bewusste Tun von etwas Gutem. Beispielsweise jemandem in Not zu helfen, ein Unrecht wiedergutzumachen, einem Feind zu vergeben. Außerdem sollte es möglichst etwas sein, das einem selbst nicht nützt."

„Und das soll dann zur Selbsterneuerung führen?"

„Warum nicht? Da wir in einem moralischen Universum leben, muss uns doch logischerweise das Vollziehen moralischer Handlungen mit den Kräften in Verbindung und in Einklang bringen, die dieses Universum aufrechterhalten. Wenn wir uns an dieser Stelle prinzipiell verweigern, dann leben wir ständig an allem vorbei, einschließlich unseres tiefsten Wesens. Als Menschen haben wir nicht nur die Fähigkeit, uns moralisch gut zu verhalten, sondern auch ein angeborenes Bedürfnis danach. Wenn wir uns also in einem vernünftigen

Maß auf dieses Gutsein einlassen, dann brauchen wir uns gar nicht aktiv um Selbsterneuerung zu bemühen, sondern sie geschieht ganz von selbst."

In einem Restaurant in Chicago saß mir der Versicherungsmanager gegenüber – grauhaarig, ruhig und selbstsicher. „Ein Rezept zur Selbsterneuerung?", wiederholte er die Frage. „Nur fünf Worte: *Setze dich der Begeisterung aus!*"

Dann holte er einen kleinen Zeitungsausschnitt aus seiner Brieftasche. „Manchmal lese ich meinen Vertretern diesen Text vor: ‚Niemand, der mit Begeisterung bei seiner Arbeit ist, braucht vom Leben irgendetwas zu befürchten. Alle Chancen der Welt warten darauf, von Menschen ergriffen zu werden, die das, was sie tun, wirklich lieben.'"

„Wer hat das gesagt?"

„Ein amerikanischer Philosoph namens Sam Goldwyn. Und der Dichter Emerson hat es ebenfalls behauptet: ‚Ohne Begeisterung wurde noch nie etwas erreicht.' Und weißt du was? Sie haben beide recht. Begeisterung ist wirklich eine magische Eigenschaft. Sie besiegt Trägheit, verbannt Mutlosigkeit und sorgt dafür, dass Dinge angepackt werden. Und das Bemerkenswerte ist, dass Begeisterung ansteckend ist. Das habe ich damals festgestellt, als ich als junger Vertreter Versicherungen an der Haustür verkauft habe. Manchmal habe ich an fünfzig Türen geklopft, ohne etwas zu verkaufen, und wenn ich dann abends nach Hause kam, war es mit meiner Begeisterung nicht gerade weit her.

Aber in der Pension, in der ich damals wohnte, lebten außer mir noch drei echte Oldtimer. Einer sammelte leidenschaftlich Briefmarken, der zweite war begeisterter Baseballfan und der dritte hasste den Bürgermeister von Chicago. Ich habe vergessen, weshalb, aber er liebte es einfach, den

Bürgermeister von Chicago zu hassen. Wenn sie über ihre ganz speziellen Interessen sprachen, strahlten sie so viel Begeisterung aus, dass diese sich auf mich übertrug und ich auch wieder Begeisterung für den Verkauf von Versicherungen empfand."

Er beugte sich vor und schlug mit ernster Miene auf den Tisch. „Begeisterung ist ein Zustand, in dem einem etwas an einer Sache liegt – *wirklich liegt*. Halte bei anderen immer danach Ausschau. Und wenn du sie findest, dann sorg dafür, dass der Funke auf dich überspringt und auch bei dir selbst ein Feuer entfacht."

Der Psychiater in Denver sah mich mit weisen und nachsichtigen Augen an. „Natürlich gibt es verborgene Kräfte in den Menschen", sagte er. „In Notsituationen werden bei Menschen oft ungeheure körperliche Kräfte freigesetzt; ein Mann hebt beispielsweise ein verunglücktes Auto allein an, damit er den eingeklemmten Fahrer daraus befreien kann. Eine Frau schwimmt von einem gekenterten Boot aus mit ihrem Kind auf dem Arm zwei Meilen an Land, um es in Sicherheit zu bringen. Solche Kräfte entspringen dem verborgenen Antrieb des Unbewussten. Und genau daher kommt auch unsere psychische Kraft. Im Großen und Ganzen sind kreative, erfinderische Menschen Leute, die es geschafft haben, die Kanäle zwischen dem Bewussten und dem Unbewussten offen zu halten."

„Aber wie hält man diese Kanäle offen?"

Er lachte. „Wenn es jemanden gäbe, der darauf eine letztgültige Antwort hätte, dann sähe die Welt wahrscheinlich ganz anders aus. Aber ich hätte da schon einen Vorschlag: *Tritt aus deinem eigenen Schatten heraus!*"

„Und was bedeutet das ganz praktisch?"

„Es bedeutet, dass man aufhören muss, so hart über sich selbst zu urteilen. Es bedeutet, sich nicht mehr ständig auf die eigenen Fehler und Unzulänglichkeiten zu konzentrieren und hin und wieder auch ein paar eigene Vorzüge anzuerkennen. Du wärest überrascht, wenn du wüsstest, wie viele Leute mir erzählen, dass sie nichts taugen und dass sie hoffnungslose Versager sind. Solche Leute müssen freundlicher zu sich selbst werden, weil Selbstliebe oft die Schuld- und Minderwertigkeitsgefühle reduziert, die diesen Kräftestrom aus unserem Unbewussten blockieren.

Ich habe erst heute Morgen mit einem sehr bedrückten jungen Mann gesprochen und zu ihm gesagt: ‚Ja, Sie haben wirklich ein paar schwere Fehler gemacht. Wer hat das nicht? Aber ich finde, dass Sie sich dafür jetzt lange genug selbst bestraft und niedergemacht haben. Es gibt bei Menschen viel stilles, unbemerktes Heldentum, auch bei Ihnen. Sie behaupten von sich, Sie wären egoistisch. Aber wie viel Prozent Ihres Nettoeinkommens geben Sie tatsächlich für sich selbst aus? Fünf Prozent? Zehn? Den Rest bekommt Ihre Familie, oder? Wie viel von der Zeit Ihrer Frau geht dafür drauf, das Haus sauber zu halten und sich um die Kinder zu kümmern? Wahrscheinlich ihre gesamte Zeit. Bedenken Sie einmal Folgendes: Das Gute in Ihnen überwiegt bei Weitem das Schlechte. Also seien Sie nett zu sich selbst und lassen Sie wieder Glück und Selbstwertgefühl und Kraft in Ihr Leben zurück!'"

Im Süden der USA, wo ich lebe, pflegt man Damen, die ein gewisses Alter und ein gewisses Ansehen erreicht haben, wieder beim Vornamen zu rufen, allerdings mit einem „Miss" davor. Diese Anrede bringt Zuneigung, Stolz und Respekt zum Ausdruck. Und oft ist dieser Stolz mehr als berechtigt. Denn wenn man auf die Geschichte einer Stadt zurückblickt und sich fragt, wer eigentlich die Theateraufführungen angeregt, sich für das neue Krankenhaus eingesetzt oder dafür gesorgt hat, dass die alte Seilschaft im Gericht abgesetzt wurde, dann stehen die Chancen gut, dass einem ein weiblicher Name mit einem Miss davor einfällt. Genau aus diesem Grund suchte ich Miss Caroline auf.

„Ach du liebe Güte, mein Junge", sagte Miss Caroline munter, als ich ihr meine Frage über Selbsterneuerung stellte. „Das ist doch einfach nur das uralte Gesetz der Herausforderungen und unserer Reaktion darauf, oder? Wenn man vor eine Herausforderung gestellt wird, dann reagiert etwas in einem darauf. So einfach ist das."

„Aber viele Leute finden das gar nicht so einfach."

„Das ist so, weil sie sich den Herausforderungen nicht stellen. So hat es bei mir auch angefangen – ich hatte Angst, mich zu engagieren, Angst, etwas Falsches zu tun, Angst davor, was die Leute wohl sagen könnten, wenn ich Fehler mache.

Aber dann kommt irgendwann der Zeitpunkt, an dem man erkennt: Es muss so dringend etwas passieren, dass man sich einfach nur noch schämt, wenn man nichts unternimmt. Und dann stellt man fest, dass man wie durch ein Wunder die Energie oder Ausdauer oder den langen Atem oder die Sturheit oder was auch immer man zur Bewältigung dieser Aufgabe braucht, plötzlich hat.

Dieses Gefühl, etwas bewegt und geschafft zu haben, ist so begeisternd und so befriedigend, dass man die nächste Herausforderung, vor die man gestellt wird, schon viel leichter annimmt. Und dann fängt dieser magische Prozess von Neuem an. Ein Rezept für Selbsterneuerung? *Finde etwas, das unbedingt getan werden muss, und dann fang an, es zu tun.*"

„Miss Caroline", sagte ich. „Ich habe diese Frage vier verschiedenen Leuten in vier unterschiedlichen Teilen dieses

Landes gestellt, und ich habe vier unterschiedliche Antworten darauf bekommen."

Ich nannte ihr die anderen drei Antworten und sie hörte nachdenklich zu. „Also", sagte sie schließlich, „eigentlich sind diese Antworten gar nicht so unterschiedlich. Sie sagen alle das Gleiche, nur auf unterschiedliche Weise." Sie lächelte. „Ich glaube, meine Großmutter hat das alles mit nur acht Worten zusammengefasst: *Liebe das Leben – und es wird dich zurücklieben!* Ich habe diese Worte nicht vergessen, seit ich ein ganz kleines Mädchen war, und sie umfassen eigentlich alles. Wieso geben Sie sich nicht damit zufrieden?"

Ich musste ebenfalls lächeln. „Ich werd's versuchen, Miss Caroline", sagte ich. „Ich werde es ganz bestimmt versuchen."

Nach dem Guten suchen

Es war einer dieser seltsam ziellosen Sonntagnachmittage, die wohl jede Familie kennt. Ich war mit den Kindern hinaus aufs Land gefahren, um Tannenzapfen und Eicheln zu sammeln, denn jedes Ziel ist besser als gar kein Ziel! Meine Frau hatte eine Erkältung, und mein vorrangiges Interesse war eigentlich, ihr ein bisschen Ruhe zu verschaffen. Also waren wir auf uns gestellt, die Kinder und ich.

Es war einer dieser für die Südstaaten typischen dunstigen Herbsttage, an denen kein Lüftchen geht und die Staubpartikel wie goldener Rauch in der milden Luft hängen. Ich war deprimiert an diesem Tag. Ich hatte kein einzelnes, klar umrissenes schweres Problem, sondern eher eine Mischung aus unterschiedlichen Schwierigkeiten. Ein Freund war nicht besonders nett zu mir gewesen, jedenfalls war ich dieser Meinung. Ein schriftstellerisches Projekt, von dem ich mir viel

93

erhofft hatte, hatte sich zerschlagen. Innerhalb unseres engsten Familienkreises gab es ein kleines, zermürbendes Beziehungsproblem, das sich hartnäckig weigerte, sich der Vernunft oder dem gesunden Menschenverstand zu beugen.

All diese Dinge schwirrten durch meinen Kopf, und als die Sonne gerade untergehen wollte, kamen wir an eine Stelle, die perfekt zu meiner Stimmung zu passen schien: einen vergessenen Friedhof in einem stillen Eichenwäldchen, mit flechtenbewachsenen Grabsteinen, die alle unglaublich schief unter einem gespenstischen Baldachin aus Louisianamoos standen. Die Kinder rannten herum wie eine Meute Hunde und machten ein Spiel daraus, wer das älteste Datum auf den Grabsteinen fand („Hey, guck mal, 1840!" „Ha, das ist doch gar nichts. Hier steht 1812!"). Ich stand bei einem der verwitterten Steine und beobachtete die Kinder. Eine durch das Geschrei aufgescheuchte große Eule glitt aus einem Magnolienbaum heraus und entschwand mit tadelndem Flügelschlag. *Sei nicht böse, alte Eule*, sagte ich in Gedanken zu ihr, *Kinderstimmen stören die Toten nicht.*

Der Grabstein neben mir markierte die letzte Ruhestätte der *geliebten Ehefrau* von irgendjemandem, die 1865 *am Fieber* gestorben war. Unter dem Namen stand noch etwas, das aber kaum zu entziffern war. Ich schaute genauer hin und fragte mich, welchen Bibelvers ihre trauernden Hinterbliebenen wohl ausgesucht haben mochten. Aber es war kein Bibelzitat, sondern eine Feststellung: *Sie hat immer nach dem Guten gesucht und es immer gefunden.*

Elf Worte. Ich stand da, die Hand auf den kühlen Stein gelegt, und spürte, wie die Gegenwart verschwamm und die Vergangenheit sich hinter der Illusion rührte, die wir als Zeit bezeichnen. Ein Jahrhundert zuvor hatte diese Frau einen furchtbaren Krieg miterlebt. Vielleicht hatte sie ihre Söhne verloren. Nach dem Ende dieses Krieges war ihr Land besiegt, zerstört und völlig verarmt gewesen. Sie musste also Demütigung gekannt und Verzweiflung am eigenen Leib erfahren haben. Doch jemand, der sie offenbar gut gekannt hatte, hatte über sie geschrieben, dass sie immer nach dem Guten gesucht und es auch immer gefunden hatte.

Es ist seltsam, wie einen eine ganz schlichte Aussage manchmal noch lange verfolgen kann. Als wir durch das trübe, graue Zwielicht zum Auto zurückgingen, wollte mir dieser eine Satz einfach nicht mehr aus dem Kopf gehen. Sie hat immer nach dem Guten gesucht: In diesen Worten lagen Mut, Würde und Zielstrebigkeit und auch eine Art Triumph, so als enthielten sie ein Geheimnis von unermesslichem Wert. *Das, wonach du im Leben suchst,* schienen sie zu sagen, *das wirst du auch ganz bestimmt finden. Aber in welche Richtung du dabei schaust, das liegt ganz bei dir.*

Unser Kombi war am Straßenrand geparkt. Wir stiegen ein, ich fuhr los, und auf dem Heimweg merkte ich, wie ich an die Dinge dachte, die mich belasteten. Es gab sie wirklich, aber jetzt wurde mir klar, dass ich mein Augenmerk nicht auf das Gute gelegt hatte, sondern auf das Schlechteste. Was meinen Freund anging – was war schon eine Enttäuschung angesichts all der Jahre echter gegenseitiger Zuneigung? Die Sache mit dem gescheiterten Projekt war zwar ärgerlich, aber es würde sicher andere Aufträge geben. Das familiäre Problem war eine kleine steinige Insel, die aber letztlich von einem Meer der Liebe umspült war.

Als wir zu Hause ankamen, zockelten die Kinder müde und hungrig hinter mir her ins Haus. Ich sah das Haus an und dachte an die Sorgen, die ich beherbergt und bewirtet hatte wie Ehrengäste. Ich hatte sie hereingebeten, ihnen ein opulentes Büfett angerichtet und ihnen Vorrang gegeben vor all den guten Dingen, die in dem Haus wohnten. *Vielleicht,* sagte ich zu mir selbst, *hast du heute ja etwas gelernt: Suche nach dem Guten.*

Das Wohnzimmer war vertraut und still, der Sessel ein alter Freund; das Feuer knisterte hinter dem Gitter. *Danach suchen?,* sagte ich zu mir selbst. *Da brauchst du gar nicht lange zu suchen.* Das braucht niemand. Es ist immer in unserer unmittelbaren Nähe, das Gute, die Fülle, das Wunder des Lebens.

Unser Fünfjähriger kletterte auf meinen Schoß und legte seinen Kopf an meine Schulter. Ich konnte sehen, wie sich der Feuerschein in seinen schläfrigen Augen spiegelte. „Papa?"

„Ja?" Inzwischen war es bestimmt auch auf dem alten Friedhof völlig dunkel. Eine alte Eule beobachtete, wie sich die Blätter im Wind regten, und sah die Weisheit auf dem Grabstein.

„Erzähl mir eine Geschichte."

„Eine Geschichte?" Eine Generation geht und die nächste kommt. „Also gut. Es war einmal ..."

4. Das Geschenk des Glaubens

Ich erinnere mich an einen kalten Dezembernachmittag vor vielen Jahren, ich muss damals Anfang 20 gewesen sein. Für einen Freund und mich ging ein Tag zu Ende, den wir mit der Entenjagd verbracht hatten. Wir waren gerade dabei, die Lockvögel einzusammeln, als eine Schar Kanadagänse vorbeigeflogen kam. Sie glitten direkt durch den Sonnenuntergang, und zwar so niedrig, dass sich ihre Flügelspitzen in der völlig glatten Wasseroberfläche spiegelten. Der Anblick war so großartig, dass ich rief: „Schau mal! Da ist man doch dankbar, einfach nur am Leben zu sein."

Und mein Freund fragte leise. „Wem bist du dankbar?"

Mehr sagte er nicht, aber ich habe diese Worte nie vergessen, weil sie dem Kern meiner Philosophie so nahekamen, die auch das Thema dieses Buches ist. Mir scheint, dass die Geschenke des Lebens nicht zählbar oder messbar sind. Sie rufen unwillkürlich Dankbarkeit hervor. Aber wie kann man dankbar sein für ein Geschenk, ohne einen Schenkenden anzuerkennen und zu würdigen?

Seit jenem Nachmittag vor langer Zeit habe ich viel über das geschrieben, was man vielleicht als den Bereich der Religion und des Glaubens bezeichnen könnte. Ich habe Dutzende von Menschen interviewt – vielleicht auch Hunderte – und sie über ihre Überzeugungen befragt. Manche haben mich sehr beeindruckt, andere weniger. Aber es ist unmöglich, nicht zu der Schlussfolgerung zu gelangen, dass das Geschenk des Glaubens (und ich glaube, dass es wirklich ein Geschenk ist) das kostbarste von allen ist. Menschen, die dieses Geschenk angenommen haben, sind *stärker* – und *freundlicher* – und *selbstloser* – und *glücklicher.* So einfach (und gleichzeitig so rätselhaft) ist das.

Ich will gar nicht sagen, dass die Geschichten, die mir von solchen Leuten erzählt wurden, meine eigenen Überzeugungen oder Einstellungen nachweisbar beeinflusst hätten. Wenn ein Journalist nicht mehr objektiv ist, dann ist er auch kein guter Journalist. Aber ich habe trotzdem häufig das Gefühl, dass ich, indem ich die Erfahrungen und Erlebnisse dieser Menschen in Worte gefasst habe, auch etwas weitergegeben habe – etwas ungeheuer Wichtiges – und dass ich vielleicht eine Art Übermittler sein sollte.

Hier also ein paar solcher Erlebnisse, die ich während dieser Zeit gehabt habe:

Glaube, der trägt

Wenn ich Menschen interviewt habe, war der Einstieg ins Gespräch meistens am einfachsten, wenn ich ihnen die Frage stellte, über die sie am besten Bescheid wussten. Dies ist gleichzeitig die Frage, auf die die meisten Menschen gern eine Antwort hätten. In der Regel und mit etwas Glück ergeben sich dann alle nachfolgenden Fragen ganz natürlich und wie von selbst.

In diesem Fall war der Mann auf der anderen Seite des Schreibtisches einer der bekanntesten Geistlichen Amerikas. Also fragte ich ihn: „Was können Menschen tun, um ihren Glauben zu festigen?"

„Ehrlich gesagt", antwortete Dr. Samuel M. Shoemaker, „bin ich die Menschen ein wenig leid, die händeringend herumsitzen und sich wünschten, sie hätten mehr Glauben oder *überhaupt* einen Glauben. Der Wunsch allein reicht ja nicht aus. Wenn man Radfahren oder Schwimmen lernen will, dann kann man auch nicht einfach im Sessel sitzen bleiben und sich etwas wünschen, oder? Man muss auf ein Fahrrad steigen und ein paarmal hinfallen. Oder man geht ins Wasser, auch wenn man nicht ganz sicher ist, dass es einen trägt. Man sucht sich jemanden, der es einem beibringt."

Wir saßen in Shoemakers Arbeitszimmer in dem stillen Pfarrhaus, nur wir beide. Draußen breitete das Sonnenlicht einen goldenen Teppich auf dem Rasen aus. Auf der anderen Straßenseite hob sich der Kirchturm der Pittsburgh's Calvary Church deutlich vom Himmel ab.

„Wenn man etwas lernen will", fuhr Shoemaker mit seiner angenehmen Stimme fort, „dann probiert man es doch aus. Man versucht es, bis man es einigermaßen kann. Und genau das muss man auch tun, wenn man sich wünscht, dass der Glaube im eigenen Leben eine größere Rolle spielt. Man muss ein paar geistliche Experimente machen."

„Experimente?", fragte ich. „Was denn für Experimente?"

Shoemaker lächelte. „Haben Sie schon mal von den sechs großen E gehört? Sie bauen aufeinander auf, wenn man sie in einer bestimmten Reihenfolge auflistet." Er zählte die einzelnen Begriffe an den Fingern ab.

Sie lauten:

- Einlassen
- Erklärung
- Experiment
- Erfahrung
- Expression
- Erweiterung

„Nehmen wir also den ersten Schritt; sich einlassen. Glaube ist ansteckend, das ist ja allgemein bekannt. Aber man muss irgendwie mit ihm in Kontakt kommen, damit man angesteckt werden kann. Man muss die bewusste Entscheidung treffen, sich darauf einzulassen, damit in Kontakt zu treten. Man kann sich nicht zurückziehen und dann erwarten, dass er zu einem kommt. Also, das erste Experiment besteht darin, sich auf den Glauben einzulassen."

„Welche Methoden würden Sie denn dazu empfehlen?", fragte ich ihn. „Zur Kirche gehen? Bibel lesen?"

„Das sind die ganz offensichtlichen", sagte Shoemaker. „Natürlich ist es hilfreich, sich dorthin zu begeben, wo die Menschen über Gott reden, oder etwas zu lesen, was die Aufmerksamkeit auf seine Liebe zu uns lenkt. Aber ich empfehle eine Methode, die noch viel weniger Mühe erfordert. Schauen Sie sich einfach einmal die Menschen in Ihrem Umfeld an – und davon gibt es ja reichlich –, die vorbehaltlos daran glauben, dass es Gott *wirklich gibt*, dass er die Liebe ist und dass er aus sich selbst heraus die Macht hat, den ratlosen, sich abmühenden Menschen zu helfen.

Je mehr man solche Leute beobachtet, desto klarer wird einem, dass sie außergewöhnlich sind. Sie bleiben auch angesichts von Kummer und Schmerz gelassen. Sie haben Geduld mit den Unzulänglichkeiten anderer. Sie werden wirklich aktiv, um Menschen mit Problemen zu helfen. Sie haben eine gewisse Kraft, aber sie wissen genau, dass diese Kraft nicht aus ihnen selbst kommt. Das werden sie Ihnen auf Nachfrage bestätigen. Man kann gar nicht anders, als diese besondere Eigenschaft an ihnen zu bemerken, wenn man mit ihnen zu tun hat. Und man beneidet sie darum. Vielleicht wird dadurch bei einem selbst der Prozess in Gang gesetzt, auch so werden zu wollen."

„Einmal angenommen, dass es so ist", sagte ich, „einmal angenommen, ein solcher Prozess kommt wirklich in Gang, muss man dafür eine bestimmte Grundhaltung haben?"

„Ja, sicher", sagte Shoemaker. „Erstens muss man sich ganz bewusst dem Strom der Kraft Gottes öffnen. Es bringt ja nichts, dorthin zu gehen, wo dieser Strom ist, ihn dann aber nicht an sich heranzulassen. Ebenso gut könnte man in Gummistiefeln, Regenmantel und Hut duschen. Die Welt ist leider voller zugeknöpfter Menschen, und viele von ihnen gehen zur Kirche, aber sie singen keine Choräle, und sie beteiligen sich auch nicht an der Gemeinschaft. Sie sperren sich selbst in der Höhle der Befangenheit ein.

Solche Menschen müssen oft erst in den Kraftstrom Gottes hineingelangen. Wenn sie teilhaben und nicht nur Zuschauer sein wollen, dann müssen sie sich selbst vergessen. Der große Psychologe William James hat gesagt, dass der Wendepunkt im religiösen Erleben dann gekommen ist, wenn man sich ihm ausliefert und sich ganz darauf einlässt; und er hatte recht." Shoemaker grinste plötzlich. „Er war es auch, der gesagt hat, dass Glaube entweder eine langweilige Angewohnheit oder ein hohes Fieber ist."

Ich sagte, mir sei gar nicht klar gewesen, dass William James so lebendige Prosa geschrieben habe.

„Aber sicher hat er das!", rief Shoemaker aus. „Der Langweiler war sein Bruder Henry, der Romancier. Aber lassen Sie uns auf das Experiment zurückkommen. Ich hatte gesagt, dass man sich öffnen muss für den Strom der Kraft Gottes. Um das zu tun, muss man glauben, dass diese Kraft einen wirklich durchströmen kann. Wenn man für sich selbst zu dem Schluss kommt, dass das unmöglich ist, wenn man zu sich selbst sagt: ‚Ach, so etwas wird mir sicher nie passieren!', dann blockiert man dadurch diesen Kraftstrom so sicher, wie man einen Wasserstrahl unterbricht, indem man den Hahn zudreht. Man muss sich immer wieder selbst daran erinnern, dass Gott mit uns in Beziehung treten will. Zu diesem Zweck hat er uns doch überhaupt geschaffen. Wenn das nicht so ist, was tun wir dann überhaupt hier? Und er hilft einem auch, wenn man wirklich nach ihm sucht und hofft und betet und versucht zu glauben."

„Ist es nicht schwer zu beten", fragte ich, „wenn man nicht sicher ist, zu wem man da eigentlich betet?"

„Das spielt keine Rolle", sagte Shoemaker mit großer Bestimmtheit. „Gib so viel wie möglich von dir an so viel von Gott, wie du verstehst. Vielleicht ist man ein egoistischer Materialist, der zu einem unglaublich vage anmutenden Gott kommt. Egal. Man soll nur so ehrlich kommen, wie es geht. Horace Bushnell hat einmal gesagt: ‚Bete zu dem verschwommen erscheinenden Gott, aber bekenne der Ehrlichkeit halber die Verschwommenheit.'"

„Aber woher weiß man denn, wann man mit ihm Kontakt hat?"

„Manchmal weiß man es gar nicht, und wenn man sich selbst gegenüber ehrlich ist, dann gibt man das auch zu. Aber man muss auch Gott gegenüber ehrlich sein. Warum versucht man nicht, ihm zu sagen, was man ihm eigentlich gern sagen würde? Wenn man beispielsweise daran zweifelt, dass es ihn gibt, dann kann man ihm das doch sagen und auch gleich die Gründe für diese Zweifel nennen. Das mag vielleicht lächerlich klingen, ist es aber absolut nicht. Und wenn man ihm dann alles gesagt hat, sollte man innehalten und hinhören. Vielleicht hört man dann etwas."

„Und was, wenn nicht?"

„Dann muss man es weiterversuchen, so einfach ist das. Man wird allerdings nicht unbedingt genau das hören oder bekommen, was man möchte, wissen Sie? Jerome Ellison hat einmal gesagt, dass seiner Meinung nach menschlicher Unglaube zum Teil auch Groll und Erbitterung darüber ist, dass Gott sich nicht so verhält, wie wir es gern hätten. Wir sollten uns alle davor hüten, in unseren Gebeten fordernd aufzutreten. Ich habe selbst schon Gebete gesprochen, in denen ich mir fast vorstellen konnte, wie Gott sagte: ,Moment mal – wer von uns beiden ist hier eigentlich Gott?'"

Ich sah auf die Uhr, denn ich hatte Shoemaker versprochen, nicht zu viel von seiner Zeit zu beanspruchen. „Wir haben jetzt über die Dinge gesprochen, die man tun soll", sagte ich. „Gibt es auch etwas, das man lieber lassen sollte, weil es ablenkt oder blockiert?"

„Natürlich gibt es das auch", sagte Shoemaker. „Die Gründe für manche dieser Blockaden liegen vielleicht außerhalb von einem selbst. Man lernt Leute kennen, deren Herangehensweise an die Religion überwiegend von Aberglauben bestimmt oder völlig zwanghaft ist. Das ist nicht gerade hilfreich. Oder man gehört zu einer Gemeinde, in der vom Pastor alles haarklein erklärt wird, bevor die Menschen überhaupt eine Chance haben, ihre Fragen zu formulieren. Die Folge ist dann häufig, dass die Zuhörer verwirrt sind oder sich langweilen, und im schlimmsten Fall beides.

Aber die Hauptblockaden liegen doch wahrscheinlich eher bei einem selbst. Zorn, Hass, Groll, Eifersucht, Ablehnung durch andere Menschen. Angst und Schuldgefühle. All diese kleinen ,Luxuslaster' muss man aufgeben. Und wenn man das ernsthaft versucht, dann wird man feststellen, dass man sie gar nicht loslassen kann, ohne auch sich selbst loszulassen. Der Schlüssel ist die Selbstaufgabe, genau wie William James gesagt hat. Man kann seine Sünden nicht loswerden, ohne auch sich selbst loszuwerden. Das hat Jesus gemeint, als er gesagt hat, dass man von Neuem geboren werden muss."

Ich erzählte Shoemaker dann noch von meinem Eindruck, dass ziemlich viele Leute offenbar nicht so genau wüssten, was Sünde eigentlich ist.

Shoemaker lachte. „Dafür gibt es unendlich viele Definitionen. Ich habe neulich von einem jungen Pfarrer eine ziemlich gute gehört. Er sagte, Sünde sei die Weigerung, sich von Gott lieben zu lassen. Das deckt schon ziemlich viel von dem ab, was Sünde ausmacht. Und je mehr man darüber nachdenkt, desto zutreffender erscheint es einem. Jemand anders hat gesagt, dass Liebe die Fähigkeit sei, in Beziehung zu treten. Wenn man sich also nicht von Gott lieben lässt, dann hat man keinen Kontakt mit ihm."

Einen Moment lang war es still im Raum. Dann fuhr Shoemaker fort. „Ich glaube, dass die meisten Menschen an eine große, finstere, konkrete Übertretung denken, wenn sie von Sünde sprechen. Aber Selbstgefälligkeit und Egoismus und unsere Weigerung, Gott in unser Leben hineinzulassen, richten genauso viel Schaden an und kommen sehr viel häufiger vor. Desinteresse – die Überzeugung, dass wir auch ohne Gott zurechtkommen –, das ist wahrscheinlich die am weitesten verbreitete Sünde in der heutigen Zeit. Und die wiederum hat ihre Wurzeln in der ältesten und tiefsten aller Sünden, dem *Stolz*."

„Sünder haben etwas Abstoßendes", sagte ich. „Sie sind – na ja, sie sind einfach so *menschlich*." Und ich erzählte ihm von dem bekannten Filmstar, der nach einem durch und durch verpfuschten Leben die Bemerkung gemacht hatte: Das Einzige, was er bedauere, sei die Tatsache, dass sein Nettoeinkommen nie mit seinen ausschweifenden Gewohnheiten habe mithalten können.

Shoemaker legte den Kopf in den Nacken und lachte schallend. „Ach", sagte er, „das ist wirklich herrlich!"

Er ging zum Fenster hinüber und schaute eine Weile hinaus in den friedlichen Nachmittag. Dann drehte er sich wieder zu mir um und sagte: „Ich glaube, ich weiß, was hinter Ihrer Frage steckt. Die Leute, von denen Sie reden, suchen nach mehr als nur der Überzeugung, dass es Gott gibt. Sie suchen nach der Gewissheit, dass er auch in ihrem eigenen Leben und ihrem Alltag existiert, für sie ganz persönlich erlebbar. Nun ja, da gibt es kein Patentrezept, das auf jeden Fall passt. Wenn es das gäbe, wäre der Glaube ja eine ziemlich langweilige Angelegenheit. Aber einer Sache bin ich mir sicher: Gottes Interesse an uns ist sehr viel stetiger und zuverlässiger als unseres an ihm. Er dringt zu uns durch, wenn wir ihm auch nur den Hauch einer Chance dazu geben. Und der Kanal, den er dazu benutzt, ist genau das, worüber wir gerade reden: *der Glaube*. Wir haben alle die Fähigkeit dazu, aber wir müssen sie auch *einsetzen*.

Ich glaube, man kann zu unsicher sein in Bezug auf den eigenen Glauben oder das Fehlen eines solchen Glaubens. Jesus hat nicht viel Zeit darauf verwendet, die Schwierigkeiten zu analysieren, die Menschen mit dem Glauben hatten, sondern für ihn war der Glaube eine Voraussetzung. Manchmal schien es so, als ob er die Theologie und sogar die Moral ignorierte und seine Zuhörer einfach nur eindringlich dazu aufforderte zu glauben und auf die Güte Gottes zu vertrauen. Sie sollten sich ganz darauf ausrichten und dann würde sich alles zum Besten wenden. Wenigstens...", Shoemaker rieb sich das Kinn, „...scheint es mir so. Hilft Ihnen das irgendwie weiter?"

Ich nickte und fragte mich, ob ich auch nur die Hälfte all der hilfreichen Dinge behalten würde, die er gesagt hatte.

Er kam vom Fenster an den Schreibtisch zurück und setzte sich wieder. „Ich habe dieses Gespräch wirklich genossen", sagte er. „Aber verlassen Sie sich nicht so sehr auf Worte oder Ideen. Am besten spiegelt sich Glaube im Leben der Menschen wider, nicht in Aussagen oder Diskussionen. Ideen sind manchen Menschen viel zu vage und verwaschen, und Worte laden häufig zum Widerspruch ein. Halten Sie lieber Ausschau danach, wo Glaube praktisch wird, dann werden Sie Beispiele für das finden, worüber wir gerade geredet haben. Dann werden Sie mehr sehen als nur die Theorie; Sie werden den Beweis dafür finden, dass es wirklich funktioniert."

„Sie haben mehrere konkrete Dinge genannt", sagte ich, „die Menschen tun können, um ihren Glauben zu stärken. Gibt es irgendeinen allgemeinen Rat, einen geistlichen oder auch einen anderen, von dem Sie möchten, dass ich ihn Zweiflern oder den Suchenden weitergebe?"

Shoemaker zögerte. „Also", sagte er schließlich, „der Rat, den ich solchen Leuten oft gebe, lautet einfach: *Handle so, als ob*. Handle so, als ob das alles wahr wäre: das Evangelium, die Gute Nachricht, die Wirklichkeit und Liebe Gottes, wie sie in Jesus offenbar wird. Egal ob du Zweifel hast, egal ob es sich so anfühlt, als wäre es zu schön, um wahr zu sein: Handle einfach so, als wäre es so. Verhalte dich so, als würdest du glauben! Das ist kein Selbstbetrug, sondern einfach nur ein weiteres geistliches Experiment. Und vielleicht führt es ja zu überprüfbaren Ergebnissen.

Sagen Sie den Zweiflern und den Unentschlossenen, sie sollen den Weg des Glaubens anstelle des Wegs des Nichtglaubens ausprobieren. Wenn sie das versuchen und dabeibleiben, dann merken sie mehr und mehr, wie sie von einer Art Strömung mitgezogen werden, die nicht aus ihnen selbst kommt. Ihr Glaube wird immer wieder neue Ebenen erreichen, weil die Fähigkeit zu glauben stärker wird, je mehr man sie nutzt: Und indem man so handelt, als ob man glauben würde, nutzt man sie ja!"

Wir unterhielten uns noch eine Weile, und dann war es Zeit für mich zu gehen. „Also", sagte ich an der Haustür, „Sie haben sicher viel zu tun und es macht Ihnen bestimmt viel Freude."

„Freude?", rief Shoemaker und drückte meine Hand. „Freude? Wir haben gar nicht genügend Eimer, um all die Freude aufzufangen!"

Die große Herzlichkeit und Wärme dieses Mannes folgten mir die Straße hinunter und begleiten mich seitdem überall hin.

Die Antwort

Der Tag war lang und heiß gewesen. Für manche war es ein schwerer Tag gewesen, weil wieder einmal Rassenunruhen aufgeflammt waren, von denen amerikanische Städte hin und wieder heimgesucht werden. Es kam einem alles so schrecklich bekannt vor: der Bürgermeister, der sich bekümmert alles anhörte; die oberflächliche Höflichkeit, hinter der er seinen tiefen Kummer verbarg; das hilflose Gefühl, das einfache alte „Gut oder böse"-Schema weit hinter sich gelassen zu haben, weil hier verschiedene Rechte miteinander in Konflikt standen.

Ich kam müde und mutlos nach Hause. „Manchmal scheint es so hoffnungslos", sagte ich deprimiert zu meiner Frau. „Die Wunden sind zu alt; das Narbengewebe ist zu dick. Es gibt einfach keine Lösung."

Sie stand in der Küche an der Spüle und wusch Salat. „Ach, ich weiß nicht", sagte sie. „Ich habe heute in der Klinik eine ziemlich gute Antwort auf diese Art Fragen und Zweifel gehört."

Meine Frau verteilt als ehrenamtliche Helferin im Krankenhaus Bücher und Zeitschriften auf den Stationen. Sie spricht mit Patienten und die Patienten sprechen mit ihr. Manchmal sind sie einsam oder langweilen sich, und dann erzählen sie ihr alles Mögliche über sich selbst. In diesem Fall, so sagte sie, sei es der Herausgeber einer kleinen Zeitung auf dem Lande gewesen, der sich gerade von einer Operation erholte. Sie trocknete sich die Hände mit einem Geschirrhandtuch ab.

„Du solltest mal zu ihm gehen und dir die Geschichte anhören, die er mir heute erzählt hat. Ich glaube, du wärst beeindruckt."

„Wieso kannst du mir nicht berichten, was er gesagt hat?", fragte ich.

„Das wäre nicht dasselbe. Du solltest es von ihm selbst hören."

Also fuhr ich am nächsten Tag zur Klinik. Der Patient war immer noch da und lief in Bademantel und Hausschuhen auf dem Gang herum – ein großer Mann mit sanften blauen Augen und einer Gabe, mit Worten umzugehen. Wir setzten uns in den Besucherraum und er erzählte mir folgende Geschichte:

Als ich auf der Farm in Georgia ankam, war ich ein schüchterner, schwacher, verlorener, einsamer, kleiner, sechsjähriger Junge mit Beinschienen. Wenn es dort nicht eine außergewöhnliche Frau gegeben hätte, dann wäre ich genau das wahrscheinlich auch geblieben.

Sie lebte auf der Farm, auf der bereits ihre Eltern Sklaven gewesen waren, in einer Hütte mit zwei Räumen. Für Außenstehende sah sie in ihrem formlosen grauen Kittelkleid so aus wie alle Schwarzen dort. Aber für alle, die sie kannten, war ihr geistlicher Einfluss überall zu spüren.

Sie war die Erste, die gerufen wurde, wenn irgendwo jemand krank war; sie stellte Medizin aus Wurzeln und Kräutern her, die so gut wie alles zu kurieren schien. Sie hatte zwar auch selbst eine Familie, aber alle Kinder in ihrer Umgebung hatten das Gefühl, irgendwie zu ihr zu gehören. Ihr Name spiegelte das wider. In der weichen Sprache des Tieflandes von Georgia ist das Wort *Maum* eine Art lang gezogene Version von *Mama*. Wir nannten sie Maum Jean.

Maum Jean sprach oft mit Gott, und wir hatten alle den Verdacht, dass er, wenn sie das tat, alles stehen und liegen ließ, ihr zuhörte und dann entsprechend handelte. Ihr Herz wurde weit, wenn sie auf kleine, hilflose Wesen traf, deshalb galt mir auch von Anfang an ihr ganz besonderes Interesse.

Ich bin ganz sicher, dass meine Eltern keine Ahnung hatten, was mit mir los war, als ich im Alter von drei Jahren an Kinderlähmung erkrankte. Alles, was sie wussten, war, dass die Zeiten hart waren und sie plötzlich ein verkrüppeltes Kind hatten. Sie brachten mich in ein Krankenhaus nach New York City und ließen sich nie wieder blicken. Die Leute, die mich dann als Pflegekind aufnahmen, hatten Verwandte auf dem Anwesen in Georgia. Dorthin wurde ich in der Hoffnung geschickt, dass mir das wärmere Klima guttun würde.

Maum Jeans sensible emotionale Antennen registrierten sofort meine Einsamkeit, die dadurch entstanden war, dass ich mich ganz in mich zurückgezogen hatte. Ebenso erfasste sie mit ihrem fantastischen diagnostischen Gespür sofort die Beeinträchtigung, die ich durch die Kinderlähmung davongetragen hatte. Ihr war klar: Egal was die Ärzte dazu gesagt haben mochten, es musste etwas unternommen werden.

Maum Jean hatte noch nie das Wort *Atrophie* gehört, aber sie wusste, dass Muskeln sich zurückbilden, wenn sie nicht benutzt werden. Und so kam sie jeden Abend nach getaner Arbeit in mein Zimmer, kniete sich neben mein Bett und massierte mir die Beine.

Wenn ich dabei manchmal vor Schmerzen schrie, sang sie alte Lieder oder erzählte Geschichten. Nach der Behandlung redete sie immer sehr ernst mit Gott. Sie sagte, sie tue, was sie könne. Sie brauche dabei aber seine Hilfe und er solle ihr ein Zeichen geben, wenn es so weit sei.

Durch das Farmgelände schlängelte sich ein Bach, und Maum Jean, die noch nie etwas von Hydrotherapie gehört hatte, sagte, fließendes Wasser habe eine große Kraft. Sie ließ mich von ihrem Enkel zum sandigen Flussufer hinuntertragen, wo ich gut im seichten Wasser planschen konnte.

Langsam wurde ich größer, aber am Zustand meiner Beine änderte sich kaum etwas. Ich ging immer noch an Krücken und trug immer noch die klobigen Beinschienen. Jeden Abend massierte mich Maum Jean und jeden Abend betete sie. Und dann, eines Morgens, als ich ungefähr zwölf Jahre alt war, sagte sie, sie habe eine Überraschung für mich.

Sie führte mich hinaus in den Garten und stellte mich mit dem Rücken an eine Eiche. Bis heute spüre ich die raue Rinde an meinem Rücken. Sie nahm mir meine Krücken und meine Schienen ab, ging ungefähr zwölf Schritte von mir weg und sagte dann, Gott habe in einem Traum zu ihr gesprochen. Er habe gesagt, dass es jetzt langsam Zeit für mich sei zu laufen. „Deshalb möchte ich", sagte Maum Jean, „dass du zu mir läufst."

Meine spontane Reaktion war Angst. Ich wusste, dass ich nicht ohne Hilfe gehen konnte; ich hatte es ja oft genug versucht. Ich schreckte zurück und presste den Rücken fest an den Baumstamm hinter mir, aber Maum Jean redete mir weiter gut zu.

Ich brach in Tränen aus. Ich bettelte. Plötzlich erhob sie die Stimme, und zwar nicht mehr sanft und lockend, sondern kraftvoll und befehlend: „Du kannst laufen, Junge! Der Herr hat es gesagt! Jetzt komm her zu mir!"

Sie kniete sich hin und streckte mir die Arme entgegen. Getrieben von etwas, das stärker war als meine Angst, machte ich einen schwankenden Schritt und noch einen und noch einen, bis ich bei Maum Jean war, ihr in die Arme fiel und wir beide weinten.

Es dauerte noch zwei Jahre, bis ich wieder ganz normal laufen konnte, aber ich habe nie wieder Krücken benutzt. Eine Zeit lang lebte ich noch in einer Art Zwischenwelt zwischen den Weißen, die mich teilweise als Fremden betrachteten, und den Schwarzen, die mir zwar Zuneigung, aber keine Blutsverwandtschaft geben konnten. Dann kam ein Zirkus in die Stadt, und als er weiterzog, zog ich mit.

In den folgenden paar Jahren arbeitete ich mal bei dem einen, mal bei dem anderen Zirkus. Wenn der jeweilige Zirkus das Winterquartier bezog, kam ich hin und wieder in die kleine Stadt zurück und half dort dem Herausgeber der Wochenzeitung bei der Arbeit. Ich verdiente damit nur sehr wenig, aber ich liebte den Geruch von Tinte und den Klang von Worten. Zur Farm ging ich nie wieder; ein Ausreißer kehrt selten wieder nach Hause zurück. Aber ich fragte immer nach Maum Jean, und wenn ich es mir leisten konnte, schickte ich ihr Kleinigkeiten.

Dann kam der Abend, an dem Maum Jeans ältester Enkel bei mir an die Tür klopfte. Es war schon spät und es lag Frost in der Luft. Maum Jean läge im Sterben, sagte er, und sie wolle mich unbedingt sehen.

Die alte Hütte war unverändert: Fußböden aus Zypressendielen, scheibenlose Fenster mit hölzernen Fensterläden, das Dach aus Palmblättern. Maum Jean lag im Bett, umgeben von schweigenden Beobachtern, den zierlichen Körper mit einem Quilt zugedeckt. In einer Zimmerecke spendete eine Petroleumlampe trübes gelbes Licht. Maum Jeans Gesicht lag im Schatten, aber ich hörte, wie sie meinen Namen flüsterte. Jemand stellte einen Stuhl ganz nah an ihr Bett, also setzte ich mich und berührte ihre Hand.

Lange saß ich einfach so da. Die dunklen Gesichter um mich her waren ernst und geduldig. Es gab keine Tränen, keine Gesänge, alles war still. Ab und zu sprach Maum Jean leise. Sie war bei klarem Verstand. Sie hoffte, dass ich mich an die Dinge erinnerte, die sie mich gelehrt hatte. Draußen regte sich der Nachtwind. Im Nebenzimmer knisterte das Feuer und versprühte orangefarbene Funken. Dann folgte eine sehr lange Stille, in der Maum Jean mit geschlossenen Augen dalag. Dann sprach die alte Stimme plötzlich lauter und kraftvoller: „Ach", sagte Maum Jean überrascht und froh, „es ist so *wunderschön!*" Dann stieß sie noch einen leisen, zufriedenen Seufzer aus und starb.

Und dann geschah etwas wirklich Unglaubliches: Im Halbdunkel des Zimmers schien ihr Gesicht plötzlich zu leuchten. Niemand hatte die Lampe berührt, und es gab auch keine andere Lichtquelle. Aber ihre Gesichtszüge, die vorher fast nicht zu erkennen gewesen waren, waren jetzt deutlich zu sehen, und sie lächelte. Das dauerte vielleicht zehn Sekunden und war sehr merkwürdig, aber kein bisschen erschreckend. Damals konnte ich es mir nicht erklären und das kann ich auch heute noch nicht, aber ich habe es mit eigenen Augen gesehen. Wir haben es alle gesehen. Dann verblasste es und war vorbei …

Der Mann hörte auf zu sprechen. Ich hörte, wie auf dem Korridor eilig ein Wagen mit Instrumenten vorbeigeschoben wurde. Dann redete er weiter. „Das alles ist schon lange her. Ich lebe inzwischen in einer anderen Stadt, aber ich denke immer noch oft an Maum Jean und das Wichtigste, was sie mich gelehrt hat: dass nichts ein Hindernis ist, wenn die Liebe nur stark genug ist. Nicht das Alter, nicht die Rasse, gar nichts."

Ich holte tief Luft und erinnerte mich an das, was meine Frau gesagt hatte. Die Antwort? Vielleicht irgendwann. Irgendwann…

Das Geheimnis

Es gibt eine Frage, die man Menschen stellt, die offensichtlich auf dem Weg nach ganz oben sind, und deshalb fragte ich: „Wie haben Sie angefangen? Wer oder was hat Ihnen den nötigen Anstoß gegeben?"

Sie sah mich fragend an. Sie war nicht hübsch im klassischen Sinn, aber sie hatte ein sympathisches Gesicht. „Das", sagte sie, „ist eine abgedroschene Frage. Aber egal, ich kann sie Ihnen beantworten. Dazu müssen wir allerdings fünfzehn Jahre zurückgehen."

„Das ist in Ordnung", stimmte ich zu. „Haben wir Zeit?"

„Wir haben ungefähr fünf Minuten", sagte sie. „Aber das reicht."

Und während wir da in der feuchten Kälte standen, erzählte sie mir Folgendes:

In jener Zeit lebte sie in dem Zwischenstadium zwischen Kindheit und Pubertät, und das gefiel ihr nicht besonders. Sie war 8 Jahre alt, ungelenk wie ein neugeborenes Fohlen, und wenn sie in den Spiegel schaute – was sie so selten wie möglich tat –, sah sie nur ein Paar riesige Augen und eine hässliche Zahnspange. Sie war schüchtern, sie war einsam, sie war davon überzeugt, unattraktiv zu sein. Eigentlich hieß sie Margaret, aber alle nannten sie Maggie.

Was das Ganze noch erheblich verschlimmerte: Sie hatte eine Schwester namens Sybil, die all das zu sein und zu haben schien, was sie selbst nicht war und hatte. Sybil war 16, hatte blondes Haar und eine gute Figur. Sie hatte außerdem klare Ansichten, und an diesem speziellen Winternachmittag tat sie eine davon lautstark kund: „Ach, Mutter", jammerte sie, „müssen wir Maggie denn unbedingt mitnehmen? Sie ist doch noch ein *Kind,* und sie kann nicht mal Schlittschuh laufen!"

„Aber die Bancrofts haben sie mit eingeladen, Liebling", antwortete ihre Mutter. „Und deshalb könnt ihr sie ruhig mitnehmen."

Sybil richtete ihren honigfarbenen Pferdeschwanz. „Aber Larry nimmt *mich* mit! Es ist alles schon abgesprochen. Er ..."

„Er kann euch doch beide mitnehmen", sagte ihre Mutter in einem Ton, den Sybil als ihr letztes Wort interpretierte. „Meine Güte, es ist doch nur eine Schlittschuhparty am Nachmittag!"

Sibyl warf ihrer Schwester einen unheilvollen Blick zu.

„Du brauchst dir keine Sorgen zu machen", sagte Maggie mit piepsiger Stimme. „Ich sitze hinten und sage kein Wort."

Er kam gegen 15:00 Uhr nachmittags. Groß, athletisch, rank und schlank, der beste Sportler der Schule. Er war 17, wirkte aber älter, und er strahlte eine Art ruhige Selbstsicherheit aus. Sybil erklärte in dramatischem Ton, dass sie leider noch jemanden mitnehmen müssten. Larry sah Maggie an und lächelte kaum merklich. „Das ist in Ordnung", sagte er.

Sie gingen den verschneiten Weg zur Straße hinunter, Sybil bei Larry eingehakt, Maggie wie ein verloren gegangenes Hündchen hinterherstolpernd. Sybil öffnete die hintere Tür für ihre Schwester, obwohl vorn Platz für sie alle drei war. Larry zog fragend eine Augenbraue hoch, sagte aber nichts.

Sie fuhren zu dem See, an dem die Bancrofts wohnten und der wie ein großes schwarzes Laken unter dem grauen Dezemberhimmel lag. Es waren schon mindestens 20 oder 30 Schlittschuhläufer auf dem Eis, drehten Pirouetten oder liefen still ihre Bahnen. Man hörte ihre begeisterten Stimmen. Am Ufer brannte ein Lagerfeuer, und es gab dort Hamburger und Unmengen heißer Schokolade.

Larry schnürte Sybil die Schlittschuhe zu. Er bot auch Maggie an, ihr beim Schnüren ihrer neuen Schlittschuhe zu helfen, die sie zu Weihnachten bekommen hatte, aber sie lehnte ab. Sie würde einfach am Ufer auf einer Decke sitzen und zuschauen, sagte sie. Nein, danke, sie sei nicht hungrig.

So saß sie klein und verloren da und merkte, wie ihre Zehen und Finger langsam taub wurden vor Kälte. Draußen auf dem Eis kreisten die Schlittschuhläufer wie bunte Vögel und die Kufen machten zischende Geräusche. Als sie ihnen so zusah, verspürte Maggie eine Sehnsucht, die fast wie ein körperlicher Schmerz war: die Sehnsucht, auch so anmutig übers Eis zu gleiten wie diese Schlittschuhläufer, so schön – und so frei.

Larry musste sie beobachtet haben, denn plötzlich verließ er das Eis und kam auf den Spitzen seiner Schlittschuhe zu ihr. „Wie wär's, wenn du es auch mal versuchst?"

Sie schüttelte stumm und elend den Kopf.

„Warum denn nicht?", fragte er hartnäckig nach. „Es macht wirklich Spaß."

„Ich bin nicht gut in so was."

„Na und?" Er schien echt überrascht.

Sie starrte ihre behandschuhten Hände an. „Mein Vater meint, dass alles, was man tut, gut gemacht werden sollte."

Einen Augenblick lang sagte Larry nichts. Dann kniete er sich hin, schnürte seine Schlittschuhe auf und schlüpfte in seine Mokassins. „Komm mit."

Verblüfft blickte sie zu ihm auf. „Aber wohin denn?"

„Dort hinten hin, wo die Bäume stehen. Nimm deine Schlittschuhe mit."

„Oh nein", antwortete sie. „Das kann ich nicht machen. Sybil…"

„Ach, denk doch jetzt nicht an Sybil." Seine Hand stützte sie am Ellbogen, stark und beharrlich. Unglaublich – sie stand tatsächlich auf und ging neben ihm durch die silbrige Dämmerung. Kläglich fragte sie: „Magst du Sybil denn nicht?"

„Doch, klar mag ich sie. Aber dich mag ich auch."

Bei den Bäumen befand sich, etwas abseits gelegen und ganz still, eine kleine zugefrorene Bucht.

„Das wird reichen", sagte er. „Zieh deine Schlittschuhe an."

„Aber ich…"

„Zieh sie an, dann schnüre ich sie dir."

Er schnürte erst ihre, dann seine eigenen. Jetzt trat er leichtfüßig aufs Eis und hielt ihr seine Hand hin. „Komm her, Maggie."

Sie schüttelte den Kopf, die Augen voller Tränen. „Ich kann nicht – ich habe Angst, dass…"

Er entgegnete sanft: „Ich sag dir, warum du Angst hast. Du hast Angst, weil du einsam bist. Ich weiß das, weil ich auch mal einsam gewesen bin, genau wie du. Ich hatte Angst, Dinge auszuprobieren, Angst, Dinge nicht gut zu machen, Angst, ausgelacht zu werden. Aber irgendwann habe ich dann etwas herausgefunden."

Er kam wieder zu ihr und stellte sich neben sie. Sie blickte zu ihm auf, verwirrt und fragend. Es war so still, dass sie ihr Herz pochen hörte. Um sie her standen reglos die alten, dunklen Tannen, und hoch über den Tannen funkelte inzwischen der erste Stern.

„Es ist komisch", gab er zu. „Sybil könnte ich das nicht sagen. Ich glaube nicht, dass ich es überhaupt irgendjemandem sonst sagen könnte. Aber bei dir macht es mir nichts aus. Was ich herausgefunden habe, ist ganz einfach: nämlich dass niemand wirklich jemals ganz allein ist. Selbst wenn kein anderer Mensch da ist, muss es immer noch jemanden geben. Jemanden, der dich gemacht hat und den es deshalb interessiert, wie es dir geht und was mit dir passiert. Jemand, der dir hilft, wenn du dein Bestes gibst. Also bist du nie allein. Du kannst gar nicht allein sein, egal, was du tust. Das ist das Geheimnis des Glücks, das Geheimnis, wie man Dinge gut macht, ja eigentlich das Geheimnis hinter allem." Und dann streckte er wieder seine Hand aus. „Komm jetzt, Maggie."

Sie erhob sich und stand leicht schwankend da. Aber jetzt legte er seinen rechten Arm um ihre Taille und seine linke Hand hielt ihre.

„So, das ist gut, und jetzt entspann dich einfach. Lass deinen linken Fuß nach vorn gleiten und stoß dich mit dem rechten ab. Genau so. Und jetzt gleite mit dem rechten vor und stoß dich mit dem linken ab! Gut! Und jetzt noch mal ... und noch mal ... und noch mal ..."

Das war die Geschichte, die sie mir in fünf Minuten oder vielleicht sogar noch weniger erzählte. Dann gingen die Lichter in der großen Arena aus, die Musik setzte schmetternd ein. Der Strahl des Scheinwerfers fiel auf sie, als sie mich verließ und auf glitzernden Kufen aufs Eis schoss, um zu den

Mitgliedern der Gruppe zu gelangen, die durch den anderen Zugang aufs Eis strömte. Die Menge tobte, als aus der Eisbahn ein wirbelndes Kaleidoskop von Farben, Rhythmen und Bewegung wurde. Die größte Eislaufshow der Welt, hieß es, und wahrscheinlich stimmte das.

Ein paar Meter entfernt sah ich ihren Mann im Dunkeln stehen und wie jeden Abend zuschauen. Ich stand auf und stellte mich neben ihn. Er warf mir schnell ein Lächeln zu, aber seine ganze Aufmerksamkeit war da draußen auf dem Eis. „Sie ist wundervoll, nicht wahr?", sagte er, und das war keine Frage, sondern eine Feststellung.

Ich sah sein Gesicht an, das ebenso angespannt wie stolz war. Ein Reporter soll eigentlich bei der Arbeit seine eigenen Gefühle aus dem Spiel lassen, aber irgendwo tief in meinem Innern war ein ungewohntes Leuchten.

„Das seid ihr beide, Larry", sagte ich.

Aber er hörte nicht einmal hin.

Der verborgene Schatz

Für Millionen Menschen auf diesem unruhigen Planeten ist der ergreifendste Augenblick des Jahres der Sonnenaufgang am Ostersonntag. Es ist nicht schwer zu verstehen, warum das so ist. Unsere tiefste Angst ist die, ausgelöscht, wie eine Kerze ausgeblasen zu werden und dann einfach nicht mehr zu existieren. Aber am Ostermorgen, wenn die Sonne über Meeren und Ebenen und Bergen aufgeht, empfinden Christen überall auf der ganzen Welt eine gewaltige Woge der Hoffnung in ihrem Inneren und sind getröstet.

Wohl jeder erinnert sich an ganz besondere Osterfeste. Als ich einmal Ostern auf einem Passagierschiff verbrachte, fand dort bei Sonnenaufgang ein Gottesdienst an Deck statt. Ich erinnere mich noch ganz genau daran: die ersten Lichtstrahlen im Osten, das Glitzern des Lichts auf dem Wasser, die zeitlosen Worte der zeitlosen Geschichte.

Hinterher zerstreuten sich die Passagiere und ich stand irgendwann mit dem Ersten Offizier an der Reling. Er war ein alter Schotte, handfest, direkt, aber auch mit einer poetischen Ader. Wir hatten uns angefreundet, wie das auf Seereisen ja hin und wieder passiert. Der Horizont war leer, unser Schiff allein auf weiter See. Doch der Gottesdienst hatte bei mir ein beglückendes Gefühl der Gemeinschaft hinterlassen – das Gefühl, Teil von etwas Unsichtbarem, aber sehr Gewaltigem gewesen zu sein. Als ich ihm das sagte, schien der alte Schotte kein bisschen überrascht.

„Ach", sagte er, „was Sie da gespürt haben, war mit Sicherheit der Schatz." Und während über uns der Morgen graute, erklärte er mir etwas genauer, was er damit meinte.

Er gestand, dass es vielleicht ein bisschen märchenhaft klingen könne. Er konnte sich auch nicht erinnern, woher diese Vorstellung aus seiner lang zurückliegenden Kindheit eigentlich stammte – vielleicht aus einem alten gälischen Kindermärchen: die Vorstellung, dass sich seit dem ersten Osterfest ein gigantischer Schatz angehäuft habe. Dieser Schatz bestehe nicht aus Gold und auch nicht aus Silber, nichts dergleichen. Nein, sagte er, in dieser unsichtbaren Schatzkammer seien all die Gedanken aufbewahrt, all die Gefühle, die Ostern im Laufe der vielen Jahrhunderte in unzähligen Köpfen und Herzen hervorgerufen hatte. All die Ehrfurcht, das Staunen, die Liebe und die Sehnsucht, die Dankbarkeit und die Gebete.

Diese Dinge, so sagte er, passierten nicht einfach und verschwanden dann wieder. Wie Energieteilchen hätten sie ihre ganz eigene Lebensdauer; und keines davon gehe je verloren.

Sie seien alle immer noch *da* – nicht sichtbar, vielleicht auch außerhalb der Zeit –, aber sie hätten eine ewige Realität, bildeten eine Art unerschöpfliches Reservoir, das von Menschen erspürt werden könne und aus dem sie schöpfen könnten.

„Und das", schloss er und klopfte dabei seine Pfeife an der Reling aus, „das ist es, was Sie in diesem Augenblick spüren: diesen verborgenen Schatz von Ostern."

Wirklich eine sehr fantasievolle Vorstellung, und das aus dem Munde eines Mannes, der mit Maschinen lebte und arbeitete. Aber ist diese Idee tatsächlich so weit hergeholt? Wir haben gelernt, unter Realität das zu verstehen, was greifbar ist, das ist wohl wahr. Aber tief in unserm Inneren wissen wir, dass wir nicht nur aus Nerven und Sehnen bestehen, aus Blut und Knochen oder auch aus wirbelnden Elektronen, die solchen Illusionen unterliegen und sie aufrechterhalten. Wir sind noch mehr. Wir sind Hoffnung und Träume. Wir sind die großen Gegensatzpaare: Freude und Schmerz, Zorn und Zärtlichkeit, Tränen und Lachen. Und auf der letztgültigen Waage gewogen zählen diese Dinge sicher genauso viel wie all das Messbare um uns her.

Auf jeden Fall wünsche ich mir, dass der Schotte recht hat – dass aus dem Vermächtnis vergangener Osterfeste Glaube entstehen, Kraft und Mut gewonnen werden kann. Jeder von uns hat Probleme, kennt Schwächen und Momente der Verzweiflung. Aber durch alle Epochen hindurch erklingt immer wieder und bis heute der Ausruf: „Verliert nicht den Mut: Ich habe die Welt besiegt" (Johannes 16,33).

Und auch dieses Jahr wird es wieder so sein, dass das Licht sich über den Rand der Welt schiebt und einmal mehr der Ostermorgen kommt.

5. Das Geschenk heiterer Begegnungen

Es heißt, das Leben sei voller Überraschungen. Und das stimmt. Manchmal begegnen uns diese Überraschungen in Form von spannenden Entdeckungen, dann wieder als unangenehmer Schock. Meiner Erfahrung nach verblasst die Erinnerung an die Schocks relativ schnell, aber manche der angenehmen Überraschungen bleiben noch jahrelang im Gedächtnis lebendig.

In der Regel tut man gar nichts Ungewöhnliches, wenn einen so ein Glücksblitz trifft. Man bringt vielleicht ein Kind zur Schule oder hat eine zufällige Begegnung mit einem Fremden. Man befindet sich im Halbschlaf des Alltagseinerleis und plötzlich geschieht es. Unvermittelt fügen sich die Umstände so, dass das Gewöhnliche zum Bedeutsamen wird und die Routine zum Unvergesslichen – so unvergesslich, dass es einen vielleicht ein für alle Mal verändert.

Manchmal ist man einfach überraschend zu einer besonderen Zeit an einem besonderen Ort. Ich erinnere mich noch an einen Abend während des Zweiten Weltkrieges, an dem ich allein durch das verdunkelte London ging. Es hatte Bombenalarm gegeben und Suchscheinwerfer hatten den Himmel durchkreuzt. Aber nun signalisierten die Sirenen wieder Entwarnung, und plötzlich erloschen alle Suchscheinwerfer bis auf vier, einen an jeder Ecke der Stadt. Die großen Lichtkegel hörten auf, sich zu bewegen und standen dann still, auf einen bestimmten Punkt ganz oben gerichtet. Ich blieb stehen und schaute mir an, wie die Lichtkegel dort wie silberne Schwerter am Himmel standen, die das ungeheure blauschwarze Himmelsdach vierteilten. Das Heulen der Sirenen erstarb und es war kein Laut mehr zu hören. Nichts. Nur eine tiefe Stille. Es war, als befände ich mich mitten in einem gigantischen Sternsaphir. Ich habe diesen Augenblick nie vergessen und werde es wohl auch nie.

Normalerweise gehört zu einem wirklich denkwürdigen Erlebnis aber noch mehr. Es muss zu einer Art Veränderung kommen, einer Einsicht, einem Bewusstwerden, das im Gedächtnis nachklingt, ohne dass man es richtig merkt, und das immun ist gegen die Zeit. Hinterher weiß man, dass man etwas Kostbares erfahren hat – etwas, das man gar nicht immer so genau beschreiben, messen oder erklären kann. Aber doch *etwas*.

Wenn es zu einer solchen erleuchtenden Begebenheit kommt, dann haben die meisten Menschen den Impuls, sie irgendwie zu bewahren. Manche versuchen, ein greifbares Erinnerungsstück daran zu behalten: eine Blume, ein Foto, ein Taschentuch vielleicht, und ein Schriftsteller versucht eben, solche Begebenheiten in Form von Worten festzuhalten.

Die Freude am Hier und Jetzt

Ich erinnere mich, dass ich an jenem Morgen wieder mit dem Gefühl der Niedergeschlagenheit und Mutlosigkeit aufwachte, das mich schon seit ein paar Tagen belastete. Es gab keine akute Krise in meinem Leben, sondern eher ein paar geringfügige Sorgen.

Die Post bestand fast ausschließlich aus Rechnungen. Ich hatte zwar ein bisschen geschrieben, aber nichts davon war mir gut gelungen. Ich hatte mich einverstanden erklärt, es mit einem Job zu versuchen, der mir eigentlich nicht gefiel, und ich hatte Angst davor, richtig Angst. In dieser trostlosen

Stimmung, in der ich mir selbst unendlich leidtat, hatte ich das Gefühl, in der Falle zu sitzen. Wenn ich zurückschaute, lag da der Schatten der Enttäuschung – blickte ich nach vorn, sah ich dort das Gespenst des Versagens. Und wohin sonst sollte ich schauen?

Ungefähr eine Stunde lang versuchte ich zu arbeiten, aber ohne Ergebnis. Vor meinem Fenster brandete das Meer golden und grün. Beim Gezeitenwechsel donnerte die Gischt dann gegen die Sandbänke, die etwa anderthalb Kilometer vor der Küste lagen. Da draußen gab es sicher auch keine Lösungen für meine Probleme, aber vielleicht wenigstens ein vorübergehendes Entkommen. Also verließ ich abrupt, ohne jemandem etwas zu sagen, das Haus. Auf dem Weg hinunter zum Boot traf ich den Rabbiner, der in der Nachbarschaft wohnte. Wir kannten einander nicht besonders gut. Er war Anfang 70, seit Kurzem im Ruhestand und hatte ein attraktives Gesicht, glatt rasiert und stark. Wie er da mit seinen beiden Terriern an einer Doppelleine am Strand entlangging, hätte man ihn ohne Weiteres für einen englischen Landadeligen beim Spaziergang halten können.

Er schaute kurz auf meine beiden langen Angelruten – ich habe immer eine Reserverute dabei – und dann zum Ruderboot, das am Ufer im Wasser lag. „Sie gehen angeln? Allein?"

Ich nickte und fragte scherzend: „Wollen Sie mitkommen?"

Er sah mich nachdenklich an: „Hätten Sie denn gern Gesellschaft?"

Ich war ein wenig überrumpelt. Eigentlich war ich nicht sicher, ob ich auf meiner kleinen Flucht jemanden dabeihaben wollte. Ziemlich sicher war ich mir dagegen, dass der Rabbi vom Angeln im Meer so viel verstand wie ich vom Talmud. Aber schließlich hatte ich ihn ja wirklich gefragt und deshalb sagte ich: „Es ist ein riskantes Unternehmen. Nass und rau.

Entweder viel Fisch oder gar keiner. Aber wenn Sie es wirklich versuchen wollen ..."

„Das ist sehr nett von Ihnen", sagte er mit dieser seltsamen Höflichkeit, die er an sich hatte. „Geben Sie mir noch zehn Minuten, um mich umzuziehen?"

„Lassen Sie sich ruhig Zeit", antwortete ich schicksalsergeben. „Ich muss sowieso erst noch ein paar Köder fangen."

Als er weg war, nahm ich das Wurfnetz aus dem Boot und fing drei Meeräschen. Dann setzte ich mich auf das Dollbord und versuchte, nicht zu bereuen, dass ich ihn eingeladen hatte. Ich konnte mir nicht so recht vorstellen, dass der Rabbi sich auf einer von den Wellen gepeitschten Sandbank anderthalb Kilometer vom Ufer entfernt wohlfühlen würde. Da konnte alles Mögliche schiefgehen. Ein Hai, der sich dort an der Sandbank herumtrieb, konnte ihn erschrecken. Eine Feuerqualle konnte ihn verbrennen.

Ich wartete. Um mich her war mir alles so vertraut wie meine eigene Haut: das jadegrüne Wasser, die noch grüneren Sümpfe, die intensive Sonne, der sanfte Himmel. Das kleine Boot war eigentlich nicht mehr als ein gebogenes Stück Fiberglas, aber es verstand mit dem Meer Katz und Maus zu spielen. Die Angeln waren alt und abgenutzt, aber die Rollen waren gut in Schuss, frisch geölt und glänzend. Beim Motor des Bootes blätterte zwar bereits die Farbe ab, aber ich kannte seine Macken bis hin zum letzten verdrießlichen Schluckauf. Das waren also meine Spielzeuge, und normalerweise konnte ich mich damit ganz gut ablenken und Trost finden, wenn in meinem Leben irgendetwas schieflief. Aber heute war ich nicht so recht bei der Sache. Ich betrachtete all das, was ich da um mich herum wahrnahm, irgendwie als selbstverständlich.

Der Rabbi kam zurück, eifrig wie ein kleiner Junge vor einem großen Abenteuer. Der Motor heulte auf und hinter uns schäumte das Kielwasser. Am Meeressaum nahmen wir die ersten großen Wellen mit leichter Schlagseite. Das Boot schoss kurz aus dem Wasser und landete dann mit einem bis ins Rückgrat spürbaren Aufprall auf der nächsten Welle, sodass die Gischt bis hoch über unsere Köpfe aufspritzte. Ich beobachtete den Rabbi und wäre natürlich bereit gewesen, das Tempo zu drosseln, aber er strahlte wie die Sonne über uns. Zwar dröhnte der Motor mir in den Ohren, aber ich konnte von seinen Lippen ablesen, was er sagte. „Herrlich!", rief er. „Herrlich!"

Die Sandbank, von der aus ich angeln wollte, war ein schmaler Streifen von etwa 50 Metern Breite. Bei Hochwasser war sie völlig überspült, und das Meer nagte bereits an ihrem östlichen Rand wie ein Wolf an einem Knochen. Manchmal fing man hier in der Brandung Meeresbrassen, manchmal auch nicht.

Der Anker grub sich mit seinen Eisenzacken in den Sand. Die Häuser hinter uns am Horizont sahen jetzt winzig aus, weit entfernt, nahezu unwirklich, und vor uns erstreckte sich die unendliche Weite des Meeres. Jenseits der Brecher fischten ein paar Pelikane. Sie wirkten ungelenk, fast grotesk in ihren Bewegunge – bis zu dem Augenblick, in dem sie scharf und stromlinienförmig wie Pfeilspitzen ins Wasser eintauchten.

Als wir aus dem Boot stiegen, betrachtete der Rabbi staunend das Reliefmuster im Sand unter seinen Füßen. Ich sagte ihm, dass dieses Muster durch die Wellen entstand, in der Zeit, in der die Sandbank überspült sei.

„Wundervoll", meinte er und schüttelte dabei langsam seinen Kopf. „Die Fußspuren des Meeres." Als er die Sandbank halb überquert hatte, fand er eine Muschel und hielt sie entzückt hoch. „Sehen Sie mal! In ihr steckt immer noch der Sonnenaufgang!"

Ich war schon tausend Mal an solchen Muscheln vorbeige-
gangen, aber als ich erst jetzt plötzlich ihren zartrosa Schim-
mer entdeckte, empfand ich eine Art Wärme, ein Lösen der
Anspannung, ein Nachlassen der Einsamkeit.

Wir kamen an die hoch aufschäumende Brandung. Während ich die Haken beköderte, hielt ich dem Rabbi einen
kurzen Vortrag über die Geheimnisse des Köderauswerfens
und über die Kunst, die Angelrute die Arbeit tun zu lassen.
Es sei wichtig, mit dem Daumen Druck auf die Rolle auszu-
üben, um zu vermeiden, dass man sich durch das Umklap-
pen des Rollenbügels erschreckte, wenn ein Fisch anbiss. Der
Rabbi hörte geduldig zu und der Lehrer unterrichtete. „Ich
mache den ersten Wurf für Sie", sagte ich. „Dann können Sie
es selbst versuchen. Wenn ein Fisch anbeißt, geben Sie langsam Schnur nach, machen ihn mürbe und ziehen ihn dann an
den Strand. Der Widerstand ist so eingestellt, dass die Schnur
nicht reißen kann. Aber üben Sie Druck aus."

Das Wasser strömte warm um unsere Knie. Blei und Haken
flogen in einem hohen, trägen Bogen hinaus und verschwanden im Wasser. Ich reichte ihm die Angel, ging an eine andere
Stelle und warf selbst mit meiner Angel den Köder aus. Und
dann herrschte Stille, abgesehen vom Wind- und Wellenrau-
schen, dem Zischen der Gischt und dem Vogelgeschrei. Ich
merkte, wie ich über den Rabbi nachdachte und versuchte,
das Wesen dieses Mannes zu begreifen. Er hatte etwas an sich,
das sehr einfach, gleichzeitig aber so tiefgründig war, dass ich
es nicht erfassen konnte. Aus den Augenwinkeln konnte ich
ihn sehen, gewappnet gegen den Ansturm der Wellen, das
Gesicht himmelwärts gewandt, um eine Möwe zu beobachten, die auf den Winden dahinglitt. Er ließ dabei die Angel
nach unten sinken, bis sie fast das Wasser berührte. Das war
zwar ganz falsch, aber es wäre völlig sinnlos gewesen, ihm das

zuzurufen, denn Wind und Brandung schlucken alle anderen Geräusche fast vollständig.

Die Zeit verging. Dem Rabbi gelangen ein, zwei zaghafte Würfe. Die Flut kam langsam zurück und das Wasser stieg wieder. Wir würden bald zurückmüssen. Ich sah auf und bemerkte, dass der Rabbi zu mir hinüberkam und dabei den Kopf schüttelte. Er hielt bekümmert seine Angel hoch. Ich schaute auf das völlig verknotete Knäuel von Angelschnur auf seiner Rolle. Er hatte zu schnell Schnur nachgegeben. „Bekommen Sie das wieder hin?", fragte er.

Ich reichte ihm meine Angel und nahm dafür seine. Es war hoffnungslos. Da half nichts außer einem scharfen Messer, und diese Art der Operation erforderte Zeit und Geduld. Ich wollte gerade den Mund aufmachen, um ihm das zu sagen, aber genau in diesem Augenblick veränderte sich alles. Die Angel des Rabbis spannte sich zu einem vibrierenden Bogen. Die Rolle machte ein hohes, schrilles, sirrendes Geräusch. Und auf dem Gesicht des Rabbis zeigte sich eine unbeschreibliche Mischung aus Schreck, Verblüffung, Ungläubigkeit und Staunen. Ich wusste genau, was er gerade empfand. Wenn eine große Brasse anbeißt, dann fühlt sich das nicht so an, als ob ein Fisch an der Angel hängt, sondern eher, als ob der gesamte Ozean daran zerrt.

Der Rabbi hielt mit weit aufgerissenen Augen die Angel eisern und mit starren Armen fest. Der Fisch beendete seinen ersten verzweifelten Fluchtversuch. Ich konnte sehen, wie er ungefähr 50 Meter entfernt mit einem zornigen Wirbel die Wasseroberfläche durchbrach, ganz kurz tauchte ein bronzefarbener Schwanz auf. Der Rabbi stemmte sich jetzt nach hinten und ging rückwärts. Er holte vielleicht 5 Meter Angelschnur ein und ließ dann wieder 10 nach, doch da wendete der Fisch urplötzlich und schwamm jetzt direkt auf ihn zu.

Wenn man bis über die Knie im Wasser steht, sich gegen einen Zug von 10 Kilo stemmt und dieser Zug dann urplötzlich aufhört, dann ist natürlich vorhersehbar, was passiert. Der Rabbi fiel nach hinten, und die Wellen überrollten ihn. Keine Angel, kein Rabbi. Nichts mehr zu sehen.

Aber bevor ich mich rühren konnte, um ihm zu helfen, stand er schon wieder auf, tropfnass und mit Schaum bedeckt. Seine Mütze war weg und Wasser rann aus seinen Jacken- und Hosentaschen. Er tastete im Wasser nach der Angel. Es war klar, dass die Angel weg war, wenn der Fisch die gelockerte Schnur ausgenutzt hatte, aber der Rabbi fand sie wieder, griff danach und hob sie hoch. Die Rolle, die von Sand und Salz ziemlich mitgenommen war, ächzte in einer Art metallischem Protest. Der Fisch hing also immer noch am Haken und machte jetzt einen großen Bogen in Richtung Süden. Die Schnur zischte durchs Wasser wie eine Sichel. Der Rabbi drehte sich um, um seinen Gegner im Blick zu haben, und stemmte sich resolut gegen den Zug, der jetzt allerdings vom Ufer wegging. Ich musste einen Satz nach vorn machen, um den Rabbi an den Schultern zu packen und wieder umzudrehen.

Und dann blieb uns nichts, als abzuwarten und zu hoffen, dass das Vorfach und der Haken halten und der Mensch den Fisch überwinden würde. Noch zwei Mal sah ich einen Meter panisches Kupfer unter der Wasseroberfläche wirbeln. Jedes Mal klatschte ich begeistert wie ein Kind in die Hände und johlte, weil der graue Schleier vor meinem Denken und Fühlen plötzlich weg war und ich jetzt auch alles genau so wahrnahm, wie es der Rabbi gerade zum ersten Mal sah: ganz neu und aufregend und einfach herrlich.

Die große Brasse kam schließlich auf einem Wellenkamm zu uns ans Ufer zurück, mit gesenktem Kopf, gebogenem Rücken und immer noch kampfbereit. In seiner Aufregung ließ der Rabbi die Angel so weit sinken, bis sie direkt auf den Fisch zeigte. Ich gab einen erstickten Warnschrei von mir, aber zu spät. Der kräftige Schwanz des Fisches klatschte mit Wucht auf den Sand, als die Brasse sich umdrehte. Die Angelrute hatte keine Federwirkung mehr, die den Stoß hätte abbremsen können, und mit einem *Pling*, wie ein Harfenton, riss das Vorfach ab. Gischt spritzte auf und der Fisch war weg.

Wir standen beide einfach nur schweigend da. Der Rabbi trat an meine Seite. Er war klatschnass, völlig verdreckt und zitterte wie Espenlaub, aber in seinem Blick war nicht der Hauch einer Niederlage erkennbar und auch keine Enttäuschung. „Großartig!", sagte er heiser. „Großartig."

Er legte seine eine Hand auf meine Schulter, und plötzlich merkte ich, wie müde ich war. „Kommen Sie, Rabbi", sagte ich sanft. „Lassen Sie uns nach Hause fahren."

Wie ein Traum verblasste alles hinter uns: Sonne, Salz, Sand und Himmel. Wir kamen zu der Stelle, an der das Boot ankerte. Am Ufer drehte mein neuer Freund sich noch einmal um und machte eine leichte, förmliche Verbeugung. „Danke", sagte er. „Danke für einen der schönsten Vormittage meines Lebens."

„Ich danke *Ihnen*", murmelte ich.

Ich sah ihm nach, wie er den Pfad durch die Dünen hinaufging, und ein paar der Ausdrücke, die er benutzt hatte, klangen noch einmal in mir nach – *die Fußspuren des Meeres –; die Muschel mit dem Sonnenaufgang darin.* Es lag eine Art geheimer Freude darin, und jetzt hatte ich das Gefühl, ich wusste, worin dieses Geheimnis bestand. Dieser Mann belastete sich nicht damit, voraus- oder zurückzublicken. Er bereute die Vergangenheit nicht und schreckte vor der Zukunft nicht zurück. Er lebte in der Gegenwart, dem einzigen greifbaren Augenblick der eigenen Existenz, dem einzigen Punkt, wo eine echte Verbindung zur Realität möglich ist. Und ich dachte an einen anderen Rabbi, der gesagt hat: „Quält euch also nicht mit Gedanken an morgen" (Matthäus 6,34).

Ich nahm die ramponierte Angelrolle in die Hand, schnitt mit dem Messer Knäuel und Knoten heraus, warf sie ins Wasser und schaute zu, wie sie wegtrieben. Es war immer noch reichlich Schnur übrig. Ich brachte das Boot in Ordnung, und dann ging ich zurück, zurück zu den anstrengenden Stunden, zurück zur Liebe und zur Arbeit und zu den Freunden und der Familie, die auf mich warteten in dem herrlichen Hier und Jetzt.

Eine Botschaft vom Meer

Manche Menschen haben eine wundervolle Gabe. Es ist schwer, diese Eigenschaft genau zu benennen, aber es ist eine Art Gelassenheit, eine innere Stärke und eine geistige Anmut und Würde. Aber wie auch immer man es nennen mag, man wendet sich instinktiv an solche Menschen, wenn man in der Klemme steckt oder ein Problem hat. Irgendetwas an ihnen zieht einen wie magnetisch an. Ich habe einen Freund, der so ist, und deshalb habe ich ihn neulich Abend angerufen, als mich etwas schwer bedrückte.

„Komm doch einfach rüber", sagte er. „Alma ist schon ins Bett gegangen, und ich wollte mir gerade noch eine Tasse Kaffee machen."

Also ging ich hinüber, und nach einer Stunde – ich hatte genau gewusst, dass es so kommen würde – ging es mir schon viel besser. Das Problem war zwar immer noch da, aber irgendwie kam es mir nicht mehr so dramatisch vor. Nicht, wo Ken in seinem alten Drehstuhl saß, die Füße auf dem

Tisch, die Arme hinter dem Kopf verschränkt. Er sagte nicht viel, hörte einfach nur zu… war *mitfühlend*, nahm wirklich Anteil an dem, was ich ihm erzählte.

Plötzlich hatte ich das Gefühl, die Dankbarkeit und Zuneigung, die ich ihm gegenüber empfand, ausdrücken zu müssen. „Ken", sagte ich, „du bist einfach wunderbar, wenn es darum geht, zerknitterte Seelen zu glätten. Wie machst du das bloß?"

Er hat so eine Art, ganz langsam zu lächeln. Es ist ein Lächeln, das in den Augen beginnt und sich dann über das Gesicht ausbreitet. „Na ja", sagte er, „ich bin eine ganze Ecke älter als du."

Ich schüttelte den Kopf. „Das hat mit dem Alter nichts zu tun. Du hast so eine tiefe Ruhe an dir. Woher nimmst du die eigentlich?"

Eine Weile sah er mich nachdenklich an, als versuchte er zu entscheiden, ob er mir etwas Bestimmtes sagen sollte oder lieber nicht. Schließlich zog er mit der Fußspitze eine der Schreibtischschubladen auf, holte eine kleine Schachtel heraus und stellte sie auf den Schreibtisch. „Wenn ich wirklich diese Eigenschaft habe, von der du sprichst", sagte er, „dann kommt sie wahrscheinlich hiervon."

Ich wartete. Die Uhr auf dem Kaminsims tickte.

Ken nahm eine seiner rauchgeschwärzten Pfeifen in die Hand und fing an, sie zu stopfen. „Du kennst mich jetzt seit… wie vielen Jahren? Zehn? Zwölf? Die Schachtel hier ist viel älter. Ich habe sie schon seit über dreißig Jahren und Alma ist der einzige Mensch, der weiß, was darin ist. Es kann aber auch sein, dass sie es längst vergessen hat. Hin und wieder hole ich es heraus und schaue es mir an."

Ein Streichholz flammte auf, und blau kringelte sich der Rauch aus der Pfeife, deutlich sichtbar im Licht der Schreibtischlampe. „Damals, in den Zwanzigerjahren", sagte Ken mit versonnener Stimme, „war ich ein erfolgreicher junger Mann in New York. Ein wahnsinnig erfolgreicher. Ich verdiente rasend schnell Geld und gab es noch schneller wieder aus. Ich war ein echter Sonnyboy und allen haushoch überlegen – und zwar im Denken wie im Trinken. Ich habe Alma damals geheiratet, weil sie hübsch war und ich mich mit ihr schmücken konnte, aber ich glaube nicht, dass ich sie wirklich geliebt habe. Ich denke nicht, dass ich damals überhaupt einen Funken Liebe in mir hatte. Das, was am nächsten an so etwas wie Liebe heranreichte, war die große Hochachtung, die ich hatte – und zwar vor mir selbst."

Ich sah ihn nur erstaunt an. Es war mir fast unmöglich, ihm diese schonungslose Selbstdarstellung abzunehmen.

„Nun", sagte Ken, „wie du wahrscheinlich schon vermutest, kam irgendwann der Tag der Abrechnung. Und das war wirklich ein heftiger Tag. Leute, die den Börsencrash nicht selbst miterlebt haben, können sich nur schwer vorstellen, wie das war. In der einen Woche war ich noch Millionär – jedenfalls auf dem Papier – und in der nächsten bettelarm. Meine Reaktion war vorhersehbar: Ich betrank mich und blieb dann drei Tage lang betrunken."

Er stieß ein kurzes, hartes Lachen aus, stand dann auf und strich sich mit der Hand durchs Haar. „Der Ort, den ich mir für meine kleine Selbstmitleids-Orgie ausgesucht hatte, war eine Strandhütte am Meer, die uns gehörte – oder besser gesagt, uns gehört *hatte,* bevor der Boden aus unserem goldenen Käfig herausgefallen war. Alma wollte mitkommen, aber ich wollte sie nicht dabeihaben. Ich wollte einfach nur weg von allem und mich betrinken und das tat ich dann auch.

Aber es kommt ja immer der Zeitpunkt, an dem man wieder nüchtern wird. Für einen Alkoholiker – und ich denke, ich war damals nicht weit davon entfernt, einer zu sein – kann das ein ziemlich grauenhafter Augenblick sein. Man ist einfach überwältigt von Selbstekel, und die Verzweiflung schnürt einem die Kehle zu. Ich sah mein Gesicht im Spiegel, die blutunterlaufenen Augen, den Dreitagebart, und ich wusste, dass ich einem totalen Versager ins Gesicht schaute. Als Mann, als Ehemann, als Mensch hatte ich mein Leben so richtig gegen die Wand gefahren. Mir kam der Gedanke – nein, es war kein Gedanke, es war eine Überzeugung –, dass das Beste, was ich für Alma und auch alle anderen tun konnte, war, einfach von der Bildfläche zu verschwinden, und zwar endgültig.

Und ich wusste auch, wie ich das anstellen würde. Draußen tobte ein heftiger Sturm. Das Meer war aufgewühlt. Ich würde einfach aufs Meer hinausschwimmen, und zwar über den Punkt hinaus, von dem aus es noch ein Zurück gab. Und damit hätte sich dann alles erledigt."

Kens Pfeife war ausgegangen und er legte sie auf den Schreibtisch. „Wenn man zu einer solchen Entscheidung gekommen ist, dann hat man nur den Gedanken – es so schnell wie möglich hinter sich zu bringen. Also vergeudete ich keine Zeit und wankte die Verandatreppe hinunter zum Strand. Ich erinnere mich, dass es kurz nach Sonnenuntergang war; der Himmel war rot und zornig. Die Brandung toste. Ich ging direkt aufs Wasser zu, und als ich dort ankam, schimmerte etwas im Sand." Er öffnete die Schachtel. „Das hier."

In der Schachtel war eine Muschel. Gar keine außergewöhnliche, sondern eine Sorte, die ich auch schon häufig gesehen hatte. Ein schmales Kalkoval, blass, grazil, zart.

„Ich stand da und starrte sie an", fuhr Ken fort. „Schließlich hob ich sie auf. Sie war nass und glänzte. Sie war so zerbrechlich, dass der kleinste Druck mit den Fingern sie hätte zerbrechen lassen, aber sie lag vollkommen und unversehrt in meiner Hand.

Wie war das möglich? Irgendwie ließ mich diese Frage nicht mehr los und beschäftigte mich intensiv, während um mich her der Wind pfiff und das Meer toste. Tonnen schäumenden Wassers hatten diese Muschel auf den festen, fast harten Sand am Ufer geworfen. Eigentlich hätte sie dabei zermalmt werden müssen, aber das war nicht geschehen.

Wie war die Muschel heil und unversehrt geblieben? Ich stellte mir diese Frage immer wieder mit einer Art panischer Dringlichkeit – und plötzlich wusste ich es: Sie hatte sich den Kräften, die um sie herum tobten, einfach überlassen. Sie hatte den Sturm ebenso akzeptiert wie die Stille der Tiefe, wo sie ihren Anfang genommen hatte.

Und sie hatte überlebt.

Ich weiß nicht mehr, wie lange ich so dagestanden habe, aber als ich mich schließlich vom Meer abwandte, nahm ich die Muschel mit. Seitdem habe ich sie."

Ich griff in die Schachtel und nahm die Muschel heraus. Sie lag in meiner Hand, unberührt von der Zeit, wunderbar geschaffen, federleicht. „Weißt du, wie sie heißt?", fragte ich.

Ken lächelte sein langsames Lächeln. „Ja", sagte er. „Man nennt sie Engelsflügel."

Antwort bei Einbruch der Nacht

Manchmal denke ich, allerdings nicht so ganz ernsthaft, dass Eltern Kindern eigentlich nichts Wesentliches beibringen können. Alles, was man tun kann, ist, sie dem Leben auszusetzen. Auf diese Weise kommen die Lektionen, die sie lernen müssen, so leise und unaufdringlich, dass man sie oft gar nicht bemerkt, bis man anfängt, sich zu erinnern.

Gestern zum Beispiel...

Wir vier kamen gerade von einer nachmittäglichen Angel-tour zurück. Unser kleines Boot bewältigte die Wellen, die im Abendlicht wie goldgesprenkelt aussahen, mit Leichtig-keit. Zu unserer Linken lagen die niedrigen Dünen der Küste von Georgia. Zu unserer Rechten war nichts als Vögel und Meer und Himmel und ab und zu das quecksilbrige Blitzen einer springenden Makrele. Eigentlich wären wir zu fünft gewesen in dem Boot, aber die vierzehnjährige Dana, eine Freundin vor allem, was lebt, hatte es vorgezogen, mit dem Waschbärbaby, das sie irgendwo gefunden hatte, zu Hause zu bleiben. „Ich muss seine Milch zubereiten", hatte sie fröh-lich gesagt. „Und außerdem quiekt es, wenn ich es allein lasse."

Ich beschloss, meine Mannschaft – eine Frau und zwei Kinder – an Land zu bringen und sie zu Fuß nach Hause gehen zu lassen, während ich das Boot zum Ankerplatz in einem Meeresarm brachte. Als wir uns dem Strand näherten, bemerkte ich einen Pelikan, der reglos und zusammengekau-ert direkt am Wasser stand. Er beobachtete, wie wir näher ka-men, machte aber keine Anstalten wegzufliegen.

„Dem Vogel scheint es nicht besonders gut zu gehen", sagte ich und dachte dann nicht mehr daran, bis ich nach dem Ver-täuen des Bootes nach Hause kam. Am Fuß unserer Veran-datreppe stand mit hängendem Kopf und großen, leicht ab-gespreizten Flügeln der Pelikan. Um ihn herum die besorgten Gesichter meiner Familie – jetzt einschließlich Danas, die neben dem Vogel hockte. Das blonde Haar fiel ihr ins Ge-sicht und sie hatte dem Tier schützend ihre sonnengebräun-ten Arme um den Hals geschlungen. Sie blickte auf, und ich sah, dass Tränen in ihren grauen Augen standen. „Ach, Papa", sagte sie, „was fehlt ihm bloß? Er kann nicht fliegen, er kann ja kaum stehen, und er zittert."

Ich widerstand dem Impuls zu sagen, dass, egal, was ihm fehlte, eine Familie mit acht Katzen, einem Pudel und einem Waschbärbaby wohl kaum noch mehr Problemtiere bräuchte. Aber meine Frau las wie üblich meine Gedanken. „Wir konnten doch nicht einfach vorbeigehen und ihn sich selbst überlassen", sagte sie ruhig.

„Wir haben ihn den ganzen Weg getragen", berichtete unsere Jüngste stolz. „Ich habe seinen Kopf und einen Teil von seinem Hals getragen, und er hat nicht mal versucht, mich zu beißen!"

Ich schaute auf den großen Schnabel mit dem Haken am Ende, so leicht und gleichzeitig so stark, und dachte – nicht zum ersten Mal –, wie seltsam und gleichzeitig großartig es war, dass es auch bei einem so grotesken Geschöpf einen Augenblick strahlender Schönheit gab: Im letzten Sekundenbruchteil vor dem Eintauchen legt der Pelikan nämlich seine plumpen Flügel an und zerteilt das Wasser wie ein Speer, voller Anmut und Kraft und Präzision.

Ich hatte jedoch das dumpfe Gefühl, dass diesem Vogel hier ein solcher Augenblick nicht mehr vergönnt sein würde.

Ich fuhr mit meiner Hand durch sein seidiges Halsgefieder, konnte aber an keiner Stelle des Halses eine Verstopfung feststellen. Der Vogel schreckte ein wenig zurück, machte ein paar taumelnde Schritte und wurde dann ruhig, beobachtete uns aber mit seinen gelben Augen aufmerksam. „Vielleicht sollten wir lieber den Tierarzt anrufen", schlug ich vor.

„Das haben wir schon", sagte meine Frau. „Er hat gesagt, heute Abend könnten wir nichts mehr tun, außer ihm etwas Wasser zu geben und ihn zu beobachten."

„Er will kein Wasser", sagte Dana traurig. „Er will auch kein Brot. Ich habe ihm beides schon angeboten."

„Wir könnten vielleicht etwas Fisch klein schneiden", sagte ich. „Aber ich bezweifle, dass er den nehmen wird."

Wir boten ihm Fisch an, den er aber ignorierte, und wir gossen ein wenig Wasser in den widerstandslosen Schnabel. Er schien keine Angst vor uns zu haben, aber hin und wieder überkam ihn ein unkontrolliertes Zittern. „Oh, ihm ist kalt", jammerte Dana und wickelte ihn fürsorglich in ein Badelaken.

Leuchtend rot ging die Sonne unter. Die anderen gingen schließlich zum Abendessen ins Haus und ließen Dana und mich allein mit dem Vogel zurück. Draußen über dem Meer flogen lange Reihen von Pelikanen auf der Suche nach Ruheplätzen für die Nacht dahin, und ich fragte mich, ob unser Pelikan hier, der nicht fliegen konnte, das wohl mitbekam. „Lass ihn uns wieder zurück ans Wasser bringen", sagte ich schließlich zu Dana. „Wenn er sieht, wie all seine Freunde nach Hause fliegen, dann versucht er ja vielleicht mitzukommen."

Ich ging mit Dana, die den riesigen, passiven Vogel trug, quer durch die Dünen wieder zurück zum Strand. Das Wasser ging zurück und die Wellen sahen in dem schwindenden Tageslicht stahlgrau aus. Fast direkt über uns zogen die leisen Geschwader von Süden nach Norden vorüber. Dana watete knöcheltief ins Wasser und ich sah zu, wie sie das Handtuch entfernte und dann ihre Last absetzte. Und es war wirklich seltsam: In dem Augenblick, als die breiten Füße des Pelikans das Wasser berührten, wurde wie auf ein Zeichen etwas freigesetzt und gleichzeitig endete etwas. Völlig geräuschlos fiel der große, plumpe Kopf nach vorn in die Wellen. „Hol ihn zurück, mein Schatz", sagte ich. „Er ist tot."

Dana trug ihn wieder zurück und legte ihn auf den Sand. Sie wirkte irgendwie kleiner jetzt, sehr ruhig, sehr still. Sie kniete sich neben ihn und Tränen liefen ihr übers Gesicht. „Ach", sagte sie mit gequälter Stimme zu ihm, „warum hast du das gemacht? Warum musstest du sterben?"

Der Wind wehte und die Wellen rollten an den Strand, und die Frage hing in der Luft, wie sie es seit Anbeginn der Zeit tut.

„Sei nicht traurig", sagte ich schließlich. „Er ist jetzt nicht mehr krank und unglücklich."

Sie holte einmal tief Luft und wischte sich mit dem Handrücken über die Augen. Dann blickte sie hinauf zu der Pelikanprozession am Himmel.

„Glaubst du, dass da oben Kinder von dem hier dabei sind?"

„Wahrscheinlich. Kinder und Enkel und Urenkel."

Sie nickte ganz langsam, den Blick überschattet von dem Geheimnis und dem Wunder des Todes und des Lebens. Sie strich noch einmal über das feuchte Gefieder des großen Vogels, stand dann auf und schüttelte ihr Haar zurück. „Können wir ihn begraben?"

Wir begruben ihn am Fuß der Dünen, wo der melancholische Strandhafer ihn bewachen konnte. Ich bildete einen kleinen Hügel und legte ein paar Stücke abgebröckelten Beton von der Strandmauer darauf. So hoch würde die Flut nie kommen.

Von der Strandmauer aus schauten wir noch einmal zurück zu der Stelle, wo der Beton schimmerte; das Meer war dunkel; die Vögel waren in der Nacht verschwunden. Meine Tochter nahm mit fast erwachsener Bestimmtheit meine Hand. „Jetzt lass uns nach Haus gehen", sagte sie, „und dafür sorgen, dass der kleine Waschbär was zu fressen bekommt."

6. Das Geschenk des Bewusstseins

Große Männer haben immer wieder hervorgehoben, wie wichtig und kostbar das Staunen ist. „Zwei Dinge", schrieb Immanuel Kant, „erfüllen das Gemüt mit immer neuer und zunehmender Bewunderung und Ehrfurcht: der gestirnte Himmel über mir und das moralische Gesetz in mir." Albert Einstein hat gesagt: „Das Schönste, was wir erleben können, ist das Geheimnisvolle." Und Thomas Carlyle hat darauf hingewiesen, dass Staunen die Grundlage der Anbetung ist.

Wie können wir erreichen, dass uns immer bewusst bleibt, in was für einer wunderbaren Welt wir leben? Es ist jedenfalls nicht einfach. Routine lässt Auge und Ohr abstumpfen. Wiederholung und Vertrautheit vernebeln unsere Fähigkeit zu staunen. Aber dennoch gibt es für uns alle immer wieder Augenblicke, in denen plötzlich alles ganz frisch und neu und wundervoll erscheint.

Durch dieses Geschenk des Bewusstwerdens erleben wir einige unserer glücklichsten Momente, und deshalb müssen wir offen, empfänglich und dankbar für sie sein, weil, wie der Dichter John Masefield einmal schrieb, „die Tage, die uns glücklich machen, uns auch weise machen".

Die Nacht, als die Sterne vom Himmel fielen

In einer warmen Sommernacht wurde ein kleiner Junge in einer Strandhütte plötzlich aus seinem Bett gehoben. Ganz benommen und völlig verschlafen hörte er seine Mutter sagen, dass es doch schon so spät sei. Sein Vater lachte. Dann wurde er rasch von den Armen seines Vaters die Verandatreppe hinunter – und hinaus an den Strand getragen.

Der Himmel über ihnen war sternenübersät. „Und jetzt schau mal nach oben und pass gut auf!", sagte sein Vater.

Und es war unglaublich, denn noch während er das sagte, bewegte sich einer der Sterne. Mit einem goldenen Feuerschweif schoss er quer über den erstaunten Himmel. Und bevor dieses Wunder ganz verblassen konnte, verließ ein weiterer Stern seinen Platz und dann noch einer; sie stürzten sich in das aufgewühlte Meer. „Was ist das?", flüsterte das Kind. „Sternschnuppen", antwortete der Vater. „Die sieht man jedes Jahr in ganz bestimmten Nächten im August. Ich dachte, du würdest das auch gern mal erleben."

Das war alles. Nur ein unerwarteter Einblick in etwas tief Bewegendes und Geheimnisvolles. Aber als es dann wieder im Bett lag, starrte das Kind lange in die Dunkelheit, völlig hingerissen von dem Wissen, dass die Nacht über dem Haus erfüllt war von der stillen Musik der fallenden Sterne.

Seitdem sind Jahrzehnte vergangen. Aber ich erinnere mich immer noch an diese Nacht, weil ich das Glück hatte, ein siebenjähriger Junge zu sein, dessen Vater eine solche neue Erfahrung für wichtiger hielt als einen ungestörten Schlaf. Ich hatte als Kind genauso viele Spielsachen wie alle anderen, aber die habe ich inzwischen alle vergessen. Ich erinnere mich an: die Nacht, in der die Sterne vom Himmel fielen; den Tag, an dem ich im Begleitwagen eines Güterzugs mitfahren durfte; unseren Versuch, ein Krokodil zu häuten; den selbst gebauten Telegrafen, der richtig funktionierte. Ich erinnere mich noch an den „Trophäentisch" bei uns im Flur, auf dem wir Kinder Sachen ausstellen durften, die wir gefunden hatten – Schlangenhäute, Muscheln, Blumen, Pfeilspitzen –, alles, was ungewöhnlich oder einfach nur schön war.

Ich erinnere mich an Bücher auf meinem Nachttisch, die meinen Horizont erweiterten und manchmal tatsächlich mein Leben veränderten. Einmal gab mir mein Vater „Suleika Dobson", Max Beerbohms Klassiker über das Leben eines Studenten in Oxford. Es gefiel mir, und das sagte ich ihm auch. „Überleg doch einfach mal, ob du nicht auch Lust hättest, dorthin zu gehen", sagte er wie nebenbei. Ein paar Jahre später studierte ich dann – dank meines Glücks, ein Stipendium zu bekommen – wirklich dort in Oxford.

Mein Vater hatte die fantastische Gabe, seinen Kindern Türen zu öffnen, sie in Bereiche des wunderbaren Neuen einzuführen. Diese geschickte Art, der Welt eines Kindes neue Dimensionen hinzuzufügen, erfordert gar nicht unbedingt sehr viel Zeit. Man muss einfach nur Dinge mit den Kindern *zusammen* tun statt für sie. Ich kenne eine Frau, die ein „Man könnte doch mal…"-Notizbuch führt. Darin notiert sie alle möglichen ungewöhnlichen und faszinierenden Ideen: „Man könnte doch mal einen Bauernhof besuchen und versuchen, eine Kuh zu melken." „Man könnte doch mal auf einem Schleppkahn mitfahren." „Man könnte doch mal einem Flussbagger folgen und dann den ausgebaggerten Schlamm nach versteinerten Fossilien durchsuchen." Und all das, was auf der Liste steht, unternimmt sie dann auch wirklich irgendwann mit ihren Kindern.

Ich habe sie einmal gefragt, woher sie eigentlich all die Ideen nimmt. „Ach", sagte sie, „das weiß ich gar nicht. Aber ich hatte einen Onkel, der ein echtes Original war…" Dieser Onkel hat ihr Türen geöffnet, die sie jetzt wiederum ihren Kindern öffnet.

Abgesehen von meinem Vater hatten wir auch noch eine etwas schrullige Tante, die ein absolutes Genie darin war, verrückte Sachen zu machen und so das Grau aus dem Alltag zu vertreiben. „Könnt ihr auf dem Kopf stehen?", fragte sie uns Kinder. „Ich kann es!" Und dann klemmte sie sich den Rock zwischen die Knie und machte einen Kopfstand. „Was wollen wir heute Nachmittag machen?", pflegte sie zu rufen und beantwortete dann ihre Frage sofort selbst: „Wir erfinden uns ein neues Leben!" Immer kam eine neue Dimension hinzu, immer wieder der Zauber einer neu geöffneten Tür, ein gemeinsames Erlebnis. Das war das Schlüsselwort: Wir machten alles *gemeinsam.*

Durch die Ausflüge bekamen wir kleine, überraschende Einblicke in ihren Charakter, die immer auch Spuren in unserem noch formbaren Denken hinterließen. Einmal, so erinnere ich mich, hatte unsere abenteuerlustige Tante für uns ein Pony zum Reiten organisiert, das allerdings ein bisschen bockig war. Nachdem mein Bruder drei Mal abgeworfen worden war, protestierte er unter Tränen, dass es zu schwierig sei, auf diesem Pony zu reiten. „Wenn es einfach wäre", antwortete unsere Tante darauf, „dann würde es ja keinen Spaß machen." Eine beiläufige Bemerkung, aber sie ist mir bis heute im Gedächtnis geblieben.

Am einfachsten lassen sich die Türen für Kinder öffnen, hinter denen Dinge sind, die uns auch als Erwachsene immer noch begeistern. Gute Lehrer wissen das. Und alle guten Lehrer kennen auch den Lohn dafür: den herrlichen Augenblick nämlich, wenn der Funke, auf den man geblasen hat, eine Flamme entfacht, die dann von selbst hell weiterbrennt. Bei einem großen amerikanischen Golfturnier schlug sich ein zehnjähriges Mädchen in der Junior-Liga bemerkenswert gut. „Wie lange interessierst du dich denn schon für Golf?", wurde sie von jemandem gefragt.

„Ich habe es zum neunten Geburtstag bekommen", sagte sie.

„Du meinst, dein Vater hat dir damals einen Satz Golf-schläger geschenkt?"

„Nein", sagte sie geduldig. „Er hat mir *Golf* geschenkt."

Jemand, der etwas gern tat, hatte also den Wunsch gehabt, dass sein Kind daran Anteil haben sollte. Es hatte sicher eini-ges an Zeit, Mühe und Geduld erfordert, diese Begeisterung weiterzugeben. Aber was für ein Lohn für Vater und Tochter! Genauso gut hätte es auch die Begeisterung für Musik oder Astronomie oder Chemie oder Schmetterlinge sein können.

Kinder sind von Natur aus neugierig und probieren un-glaublich gern Neues aus. Sie kommen jedoch oft nicht selbst auf die Dinge, die sie erkunden und ausprobieren können. Sie brauchen Anleitung dabei, jemanden, der ihnen eine Auswahl anbietet, aus der sie sich dann etwas aussuchen können. Vor Jahren, als die „Quiz Kids"* das amerikanische Radiopubli-kum in Staunen versetzten, weil sie so viel wussten, recher-chierte ein Journalist, welche Gemeinsamkeiten diese außer-gewöhnlichen Kinder hatten. Er fand heraus, dass manche von ihnen aus armen Familien stammten und manche aus reichen; manche hatten Eliteschulen besucht, andere ganz normale öffentliche Schulen. Aber in jedem Fall, den er un-tersuchte, gab es mindestens einen Elternteil, der irgendeine Leidenschaft mit seinem Kind teilte und immer wieder nach gemeinsamen Interessen suchte. Die Eltern ermutigten die Kinder, lobten und belohnten ihre Leistungen, sie ließen sie spielerisch Fragen beantworten und Rätsel lösen. Und sie gin-gen auch ungewöhnliche Wege, um Lernmittel ausfindig zu

---

* „Quiz Kids" war eine populäre amerikanische Radio- und Fernsehshow in den 1940er- und 1950er-Jahren. Darin beantworteten Kinder mit einem überdurchschnittlichen Intelligenzquotienten die von Hörern eingesand-ten Fragen (Anm. d. Übers.).

machen. Die grundsätzliche Fähigkeit zu außergewöhnlichen Leistungen war bei den Jungen und Mädchen mit Sicherheit bereits angelegt, aber es war auch immer die Liebe und das Interesse und die Anwesenheit der Eltern notwendig, um sie zu fördern.

Vor Kurzem nahm ein Nachbar von uns seine beiden kleinen Kinder in den Ferien mit in die Berge. Am ersten Morgen weckten ihn die beiden schon bei Tagesanbruch und machten ein großes Geschrei, weil sie auf Erkundungstour gehen wollten. Er unterdrückte den Impuls, sie wieder schlafen zu schicken, quälte sich aus dem Bett, zog sich an und unternahm einen Spaziergang mit ihnen. Am Rand eines Teiches machten sie Rast, und als die drei ganz still dasaßen, kam eine Ricke mit ihrem Kitz zum Trinken an den Teich.

„Ich habe die Gesichter meiner beiden kleinen Racker dabei beobachtet", sagte er mir später, „und plötzlich war es, als sähe und spürte ich das alles zum ersten Mal: die Stille des Waldes, den Dunst über dem Wasser, die Anmut der grazilen Tiere, die Verbundenheit mit allem, was lebt. Das Ganze dauerte nur ein paar Sekunden, aber mir kam der Gedanke, dass Glück nichts ist, wonach man streben oder wofür man sich anstrengen muss. Es ist einfach das Bewusstwerden der Schönheit und der Harmonie allen Lebens. Und ich sagte mir: Behalte diesen Augenblick in Erinnerung, bewahre ihn gut in deinem Gedächtnis – weil du vielleicht eines Tages Kraft und Trost daraus ziehen musst."

Indem er seinen Kindern den Zugang zu neuen Erfahrungen ermöglichte, öffnete dieser Mann auch für sich selbst eine Tür.

Ich bin mit einem Psychiater befreundet, der sagt, dass es im Grunde zwei Typen von Menschen gibt: solche, die das Leben als ein Geschenk betrachten, und solche, die es als

Problem ansehen. Diejenigen, die zur ersten Gruppe gehören, sind begeisterungsfähig, tatkräftig, nicht so leicht zu erschüttern, offen für Herausforderungen. Die anderen sind misstrauisch, zögerlich und egozentrisch. Für die erste Gruppe ist das Leben hoffnungsvoll und spannend. Für die zweite ist es immer auch ein potenzieller Hinterhalt. Und mein Freund behauptet: „Sag mir, wie deine Kindheit war, und ich sage dir, welcher Typ du wahrscheinlich bist."

Wenn man versucht, Kindern Türen zu öffnen, dann ist der Zweck nicht, sie zu unterhalten oder sich selbst zu amüsieren. Sondern sie sollen dadurch eine erwartungsvolle, aufgeschlossene Einstellung gegenüber dem Leben in all seiner Vielschichtigkeit entwickeln. Das ist mit Sicherheit das wertvollste Vermächtnis, das wir an die nächste Generation weitergeben können: nicht Geld, nicht Häuser oder Familienerbstücke, sondern die Fähigkeit zum Staunen und zur Dankbarkeit sowie ein Gespür für Lebendigkeit und Freude. Warum strengen wir uns diesbezüglich nicht mehr an? Wahrscheinlich, weil wir unser Leben mit Kleinigkeiten vertun, wie der Dichter Thoreau einmal gesagt hat. Weil es Zeiten gibt, in denen wir weder die Aufmerksamkeit noch die Selbstlosigkeit noch die Energie dazu haben.

Und dennoch ist für uns, denen sehr am Herzen liegt, was aus unseren Kindern wird, die Herausforderung immer da. Wohl niemand wird dieser Herausforderung ständig gerecht, aber es bieten sich doch immer wieder Chancen und Möglichkeiten. Seit jener Nacht in meiner Kindheit, als die Sterne vom Himmel fielen, sind viele Jahre vergangen, aber die Erde dreht sich noch immer, die Sonne geht immer noch auf und unter und die Nacht breitet sich über dem unwandelbaren Meer aus. Und nächstes Jahr, wenn im August wieder Sternschnuppen fallen, dann ist *mein* Sohn sieben.

Der Tag, an dem wir beinahe nicht losgefahren wären

Beinahe, beinahe wären wir nicht losgefahren, obwohl der Nachmittag dazu wie geschaffen war: klar und nicht zu kalt. An unserem Strand in Georgia wurde ein Sandschleier zischend von der löwenfarbenen Düne ins Meer geweht. Meine drei jüngsten Kinder wollten nur eins: dass ich mit ihnen über den Fluss und durch die sich dahinschlängelnden Priele zu den einsamen Stränden weiter südlich fuhr, wo sie Muscheln sammeln oder Waschbärenspuren verfolgen oder wilde Ziegen beobachten konnten.

Eigentlich ganz einfach: Es war nur eine Viertelstunde Fahrt in unserem kleinen Außenborder, aber es war Ebbe und das Boot lag auf dem Trockenen. Es würde schon unglaublich mühsam werden, es überhaupt ins Wasser zu bekommen. Außerdem wurde im Fernsehen ein Footballspiel übertragen, das höchstwahrscheinlich einen sehr viel größeren Unterhaltungswert hatte, bei sehr viel geringerem Aufwand. Deshalb hatte ich gesagt: „Mal sehen …", und zwar in diesem vagen Tonfall, den Eltern bei solchen Gelegenheiten benutzen. Und die Kinder wussten aus Erfahrung, dass das gleichbedeutend mit *Nein* war.

Aber dann sah ich ihre traurigen Gesichter, als sie zu dritt niedergeschlagen vor mir standen.

„Also gut", gab ich nach und fühlte mich edel und ein bisschen ärgerlich und aufopferungsvoll. „Also *gut*. Dann gehen wir eben. Aber nicht so lange."

Die Gesichter hellten sich sofort auf. „Können wir Tony mitnehmen?" Tony ist ein Collie, der zwar keine Schafe kennt, dafür aber Boote liebt.

„Ja, das lässt sich wohl machen", sagte ich. Und dann automatisch: „Zieht euch was Warmes an."

Unten am Fluss zogen wir das Boot ins Wasser und bekamen dabei nasse Füße. Der Motor spuckte eine ganze Weile verdrießlich, sprang dann aber mit einem herrlichen Röhren an und legte so schnell los, dass wir alle vom Spritzwasser schon fast völlig durchnässt waren, einschließlich des Hundes, der vorn am Bug stand, mit vom Wind angelegten Ohren und vergnügt hechelnd.

Etwa drei Minuten lang tanzte und buckelte das Boot auf dem Fluss dahin. Dann waren wir plötzlich in dem geschützten Netzwerk von Prielen, die sich silbern durch die Landschaft schlängelten. Wir flogen zwischen bernsteinfarbenen Wänden aus Sumpfgras dahin, wo Amseln flatternd aufflogen, vorbei an abgestorbenen Bäumen, die wie Hexenfinger den Weg wiesen, und gelangten schließlich in ein breites Mündungsdelta, wo der Motor bei Vollgas glücklich aufheulte.

Vor uns, beim Strandwall, konnte ich jetzt hüpfende Schaumkronen sehen und in weiter Ferne auf ein paar hohen Dünen im Südosten eine Handvoll Ziegen, die sich langsam mit einer Art vornehmer Selbstsicherheit bewegten, als ob die Gegebenheiten, die wir kennen, sie absolut nicht berührten. Ich zeigte wortlos dorthin, weil meine Stimme gegen den Motorenlärm ohnehin nicht angekommen wäre. Alle schauten hin und nickten ernst. Die Welt veränderte sich ständig, aber die Ziegen waren immer noch da.

Das Boot wurde langsamer und glitt in eine kleine Bucht. Ich stellte den Motor ab, und sofort war wieder das Tosen der Brandung zu hören. Der Hund sprang vom Boot an Land und versank bis zum Kinn im feuchten, lockeren Sand. Die Kinder stolperten hinter ihm her und trugen den Anker, wie sie es gelernt hatten. Wirklich eine furchterregende Crew! Kinzie, 13 Jahre alt, trug eine Jeans, die in Kniehöhe einfach grob abgeschnitten worden war; auf dem Kopf hatte sie eine

Matrosenkappe, die einmal weiß gewesen war und die sie tief ins Gesicht gezogen hatte. Die elfjährige Dana trug einen alten Kaschmirpullover mit Ärmeln, die so lang waren, dass sie gar keine Hände zu haben schien, aber ihre Augen hatten die Farbe von Meerwasser an einem wolkenverhangenen Tag, und ihr Haar sah im Wind aus wie das einer Nixe. Mac, 8, trug ein Sweatshirt mit einer unmöglich aussehenden Bulldogge darauf und brauchte wie immer dringend einen Haarschnitt.

Sie stoben durch den Strandhafer davon, denn es gab so vieles zu finden oder zu tun (was sie für selbstverständlich hielten): Winkerkrabben, die man fangen und mit nach Hause nehmen konnte, um ihnen dort ein Geschirr aus Garn anzulegen und sie Papierkutschen ziehen zu lassen; Sumpfschwalbennester, manchmal sogar mit Eiern darin; alte Bootsrümpfe, die ihre müden Knochen gegen die Düne lehnten; Reste von Netzen; Seesterne und Pfeilschwanzkrebse, alles von der verschwenderischen Hand des Meeres an den Strand geworfen. Ich beobachtete nachsichtig und amüsiert, wie sie davonrannten. Auch ich hielt alles für selbstverständlich. Das war eigentlich nicht zu entschuldigen, außer vielleicht damit, dass das fast alle Eltern in Bezug auf ihre Kinder meistens tun. Ich kippte den Außenborder hoch, damit die Schraube nicht in den Sand geriet, als ich den Hund plötzlich laut aufjaulen und dann fast hysterisch bellen hörte. Einen Augenblick später kam Mac zurück ans Ufer gerannt, die Augen vor Aufregung ganz dunkel. „Komm schnell, Papa … ein Vogel, ein ganz großer, vielleicht eine Gans … er kann nicht fliegen … er ist verletzt oder so … *mach schnell.*"

Ich rannte schwerfällig durch den Sand und durchs Dünengras die leichte Anhöhe hinauf. Dort am Strand sah ich ein paar Schatten vor der blendenden Sonne: Der Hund und die beiden Mädchen standen um eine seltsame, pinguinartige Silhouette herum, die ungelenk herumtorkelte und dann hinplumpste – ein langer Hals und ein speerförmiger Schnabel, der abwehrend nach dem Hund hackte. Ich kam näher und sah, dass die Schwimmfüße des Vogels zu weit zurückstanden, als dass er hätte laufen können. Seine Augen funkelten zornig. Es war ein Seetaucher, dessen Gefieder zu einer hoffnungslos teerartigen Masse verklebt war. Als ich das Tier ansah, zuckte ich innerlich vor Schmerz zusammen: Denn das Schlimmste, was einem Geschöpf passieren kann, ist doch, das nicht mehr tun zu können, wozu es eigentlich geschaffen wurde.

„Was fehlt ihm denn?", fragte Dana, den Tränen nah.

„Er ist der Zivilisation zu nah gekommen", antwortete ich. Und dann erzählte ich ihnen, dass Schiffe manchmal einfach Öl ins Meer laufen lassen, das sich dann als klebrige Masse auf der Wasseroberfläche absetzt. Tauchvögel wie dieser geraten dann manchmal in diese tödlichen Ölteppiche. Meist ist ihr Gefieder danach so verklebt, dass sie nicht mehr fliegen können und qualvoll sterben.

„Kommt der hier denn wieder in Ordnung?", fragte Mac angstvoll. „Was passiert denn jetzt mit ihm?"

Ich wusste, dass nach Sonnenuntergang irgendein umherstreunendes wildes Tier diese Frage beantworten würde und dass die Lösung der Natur auf jeden Fall besser war als ein langsamer, qualvoller Hungertod. Aber ich brachte es einfach nicht übers Herz, das auszusprechen.

„Im Boot ist ein Handtuch", sagte Kinzie, die immer sehr praktisch dachte und handelte. „Vielleicht können wir ihn damit sauber machen."

„Aber dann beißt er uns doch bestimmt!", rief Mac erschrocken und entzückt zugleich.

„Aber bestimmt nicht besonders fest", sagte ich. „Hol das Handtuch doch einfach, und dann versuchen wir es."

Aber selbst als ich die starken, jetzt aber unbrauchbaren Flügel und den stolzen Kopf des Vogels festhielt, richtete das Handtuch nicht viel aus. „Wir brauchen etwas, um das Öl aufzulösen", sagte ich schließlich. „Spiritus zum Beispiel."

„Spiritus haben wir zu Hause", sagten die beiden Mädchen wie aus einem Munde.

„Dann lasst uns ihn doch einfach mitnehmen!", rief ihr Bruder begeistert. „Da machen wir ihn dann sauber und dann setzen wir ihn in die Badewanne und geben ihm Hundefutter zu fressen und halten ihn als Haustier!"

„Aber er ist ein Wildvogel", gab ich zu bedenken, weil irgendwie ein seltsamer elterlicher Widerstand in mir aufwallte. „Er möchte ganz bestimmt nicht als Haustier in einer Badewanne gehalten werden. Außerdem bin ich mir gar nicht so sicher, ob wir das Zeug überhaupt wegbekommen."

„Aber wir haben ihn schließlich *gefunden*", sagte Kinzie ein bisschen verzweifelt. „Wir können ihn doch nicht im Stich lassen und ihn einfach sterben lassen."

Wir hatten ihn gefunden – wohl wahr –, aber vielleicht hatte ja auch er uns gefunden. Wie auch immer, irgendetwas hatte bewirkt, dass von allen möglichen Raum-Zeit-Überschneidungen sich seine und unsere an diesem seltsamen Ort getroffen hatten. War das Zufall? Natürlich nicht. Aber trotzdem … „Wer hält ihn fest?", fragte ich ein bisschen brummig. „Ich kann nicht mit einer Hand das Boot lenken und mit der anderen einen wilden Tauchvogel festhalten."

„Ich halte ihn", sagten meine drei Kinder gleichzeitig. Und das taten sie dann auch (zumindest tat es die Älteste, die anderen saßen zu beiden Seiten ganz nah bei ihr), nachdem wir dem Vogel eine Ecke des Handtuches um den Kopf gewickelt hatten (was ihn zu beruhigen schien). Unser Hund hatte sich derweil ausgesprochen beleidigt zu meinen Füßen zusammengekauert.

„Wir haben einen Seetaucher mitgebracht", kreischte Mac aus vollem Hals seiner völlig ahnungslosen Mutter entgegen, als wir das Haus betraten. „Er ist voller Öl, und wir wollen ihn jetzt in der Badewanne sauber machen!" Es folgte ein kurzes Zögern, wahrscheinlich weil sein männlicher Radar kritische Schwingungen registrierte. „Und danach", fügte er deshalb sicherheitshalber noch hinzu, „lassen wir ihn dann wieder frei."

Die darauffolgende Stunde war chaotisch. Die Vorbereitungen waren immens: Wir suchten Schwämme, Wattepads, warmes Wasser, kaltes Wasser, Seifen, Tinkturen und Mischungen von Tinkturen zusammen. Es wurden Theorien aufgestellt und wieder verworfen, und es gab unendlich viele gute Ratschläge. Der Vogel biss jeden von uns, dankbar, wie er war, mindestens zwei Mal. Das Öl klebte unglaublich fest in seinem Gefieder, aber als endlich auch der letzte Ölfleck von ihm und aus der Badewanne entfernt war, waren die dunklen Federn wieder glatt und geordnet und einzeln zu erkennen. Damit war auch die plumpe Schwerfälligkeit des Tieres wie weggeblasen.

Wir trugen ihn, in ein sauberes Handtuch gewickelt, die Verandastufen hinunter an den Strand, wo es bereits dämmerte, und weiter bis ans Wasser. Als wir ihn ins Wasser setzten, stutzte er zunächst unsicher. Dann wendete er den Kopf nach hinten, ordnete sein Gefieder mit dem Schnabel und schwamm rasch und entschlossen aufs Meer hinaus in Richtung einer fernen Sandbank, auf der sich die Küstenvögel für die Nacht sammelten.

„Wieso fliegt er denn nicht?", fragte Dana besorgt.

„Ich glaube, sein Gefieder ist noch zu nass", sagte ich. „Wenn die Sonne es morgen getrocknet hat, dann ist er bestimmt wieder ganz in Ordnung und kann auch fliegen."

Unser Hund, wieder einigermaßen versöhnt und daher auch gewohnt lebhaft, rannte los und die Mädchen hinterher. Der Junge und ich gingen zum Haus zurück, das zwischen den Dünen kauerte, sodass man gerade eben den Dachfirst sehen konnte, der sich scharf gegen den Westhimmel abhob. Der Sand knirschte, als der Kleine mit den Füßen scharrte und sagte: „Er wäre ohne uns gestorben, nicht, Papa?"

„Ja, das wäre er."

Er schüttelte langsam den Kopf. „Und wir wären beinahe nicht losgefahren, weißt du noch?"

„Ja", sagte ich. „Ja, ich werde versuchen, immer daran zu denken."

Die Gabe des Enthusiasmus

Als ich noch jung war und Fantasie noch in Mode, hörten wir viel über gute Feen und andere liebenswerte Kreaturen. Diese blickten in Wiegen und sprachen gute Wünsche aus. Mit einem einzigen Wink ihres Zauberstabs konnten sie ein Baby mit Schönheit, Klugheit, Mut, Reichtum und Glück – eigentlich mit allem – beschenken.

Damals mochten wir diese Vorstellung, aber wenn ich jetzt zurückblicke, kommt es mir so vor, als ob diese guten Feen die erstrebenswerteste aller Eigenschaften vergaßen. Ich kann mich an keine einzige Geschichte erinnern, in der sich eine Fee über eine Wiege gebeugt und geflüstert hätte: „Mein liebes Kind, ich verleihe dir die Gabe des Enthusiasmus."

Enthusiasmus – schon von seinem Ursprung her ein höchst interessantes Wort. Die alten Griechen verwendeten es zur Beschreibung eines genialen Menschen: Dabei bedeutet *en* „in" und *theos* „Gott". Ein enthusiastischer Mensch war also einer, der einen ihm innewohnenden Gott widerspiegelte. Und je mehr man darüber nachdenkt, desto stärker wird einem bewusst, dass die Griechen, wie gewöhnlich, nicht nur ein Wort für diese Eigenschaft hatten, sondern auch noch ein genau treffendes.

Kein anderes menschliches Wesensmerkmal (vielleicht mit einer Ausnahme: der Freundlichkeit) trägt so sehr zu einem glücklichen und gelingenden Leben bei. Das haben kluge Leute schon immer gewusst. Emerson sagt: „Es wurde noch nie etwas Großes geleistet ohne Enthusiasmus." Und dabei ist das noch nicht einmal eine komplizierte oder geheimnisvolle Eigenschaft. Man muss keine weisen Männer befragen, um sie zu erkennen. Die meisten Kinder haben jede Menge davon. Gute Jagdhunde auch – deshalb sind sie so gut in dem, was sie tun.

Was genau ist Enthusiasmus eigentlich? Ich würde ihn als Begeisterungsfähigkeit beschreiben. Enthusiastische Menschen haben die Fähigkeit, sich für Ideen, Menschen, Ereignisse – eigentlich alles – richtig zu begeistern. Sie reagieren auf die Reize des Lebens nicht nur mit ihren fünf Sinnen und ihrem Verstand, sondern auch mit ihren Gefühlen. Sie fühlen Dinge. Sie *interessieren* sich. Und in dem Maße, in dem sie sich interessieren und ihnen etwas an Dingen liegt, sind sie auch lebendig – genauso, wie man tot ist, wenn einen gar nichts mehr interessiert und berührt.

Enthusiasmus ist aber mehr als einfach nur Begeisterung. Man muss das Objekt, das ihn hervorruft, wirklich mögen. Enthusiastische Menschen lieben die Sache, von der sie begeistert sind, groß oder klein, wichtig oder unwichtig – den

Ehepartner oder eine Eiswaffel. Wenn sie Enthusiasmus empfinden, dann geben sie Liebe. Und das, da bin ich ganz sicher, ist die innewohnende Göttlichkeit, die die alten Griechen im Sinn hatten – oder vielleicht dieser Bruchteil des Reiches Gottes, das nach Aussage der Bibel in uns allen vorhanden ist.

Deshalb ist Enthusiasmus auch so liebenswert und ansteckend. Wir bringen unseren Kindern irgendein kleines, billiges Spielzeug mit oder vielleicht sogar nur uns selbst, und sie schreien begeistert „Hurra!" und rennen Hals über Kopf die Treppe hinunter, als warteten alle Reichtümer dieser Welt auf sie. Welche Eltern haben das noch nicht erlebt und dann eine Wärme im Herzen verspürt? Oder jemand sagt ohne besonderen Grund: „Was ist das heute für ein toller Tag!", und sofort empfinden wir den starken Impuls, dieser Person zuzustimmen.

Weil Enthusiasmus auch etwas mit Optimismus zu tun hat, weil er eng verbunden ist mit Heiterkeit und Gelassenheit, hat er die Kraft, Menschen durch die schweren Zeiten im Leben hindurchzuhelfen. Wer von uns bewundert nicht irgendeinen Freund, der unter Beweis gestellt hat, dass er auch mit Tiefschlägen fertig wird, ohne dabei seinen Humor, sein Interesse an Dingen und seine Vitalität zu verlieren? In der Regel wundern wir uns, wenn so ein Mensch überhaupt seinen Enthusiasmus wiedererlangt. Die Wahrheit ist aber wahrscheinlich eher, dass sein Enthusiasmus – diese Liebeskraft in ihm – ihn gestützt und ihm geholfen hat.

Woher kommt sie, diese Liebeskraft, diese Fähigkeit, mit Freude auf etwas zu reagieren? Ich glaube, dass jeder mit einem gewissen Maß davon auf die Welt kommt. Die meisten jungen Geschöpfe, vom Fohlen bis zum Kätzchen, sind damit offenbar großzügig ausgestattet. Das Problem besteht wohl eher darin, sie sich zu erhalten, wenn die Frische und der Eifer der Jugend vorüber sind.

Gewisse unvermeidliche Aspekte des Lebens sind offenbar natürliche Feinde des Enthusiasmus. Routine tötet ihn ab, Gewohntes bremst ihn. Während ich das hier schreibe, kann ich von meinem Fenster aus sehen, wie eine hochnäsige Katze auf einem Zaun entlangstolziert. Eine ganz normale Hauskatze, wirklich nichts Besonderes. Aber nehmen wir einmal an, ich hätte noch nie zuvor eine Katze gesehen. Nehmen wir an, dieses unglaublich anmutige Geschöpf wäre die *einzige* Katze auf der Welt. Stellen Sie sich vor, was für eine Aufregung sie verursachen würde und wie wertvoll sie dann wäre.

Viele Leute haben im Zweiten Weltkrieg erfahren, wie die Knappheit bestimmter Güter die Wahrnehmung schärfen und den Enthusiasmus steigern kann. Als ich einmal aus England zurück nach Hause in die Vereinigten Staaten flog, landete mein Flugzeug auf Island zwischen, und irgendjemand dort schenkte mir eine Orange. Ich hatte seit über einem Jahr keine Orange mehr gesehen, geschweige denn eine gegessen. Als wir über das stahlgraue Meer weiter nach Grönland flogen, saß ich einfach nur da, strich über die Orangenschale, roch an ihr und hielt sie hoch ins Licht, um ihre Farbe zu bestaunen. Am Ende aß ich sie dann – ein sensationelles Erlebnis; nie wieder hat mir seitdem eine Orange so gut geschmeckt. Ich liebte diese Orange wirklich, und vielleicht habe ich etwas durch sie gelernt, weil ich sie so geliebt habe.

Ich habe gelernt, dass man manchmal, wenn man erschöpft ist und einem in diesem Zustand so ziemlich alles egal ist, dieses Gefühl des Staunens wiederbeleben kann, indem man zu sich selbst sagt: *Nimm einmal an, dies wäre das einzige oder letzte Mal. Stell dir vor, dieser Sonnenuntergang,*

dieser Mondaufgang, diese Sinfonie, dieser Toast mit Butter,
dieses schlafende Kind, diese Fahne, die am Himmel flattert ...
stell dir vor, du würdest das hier nie wieder erleben! Das mag
zwar ein künstliches Hilfsmittel sein, aber bei mir funktioniert es immer wieder. Nur wenige Dinge sind für sich gesehen alltäglich. Nur unsere Reaktion darauf stumpft im Laufe
der Zeit immer mehr ab.

Das heißt nun keineswegs, dass man in Bezug auf alles en-
thusiastisch sein muss. Enthusiasmus muss auch selektiv sein,
sonst wird er albern. Ich habe immer ein wenig meine Zweifel, wenn ich jemanden sagen höre, dass er sich nie langweilt.
Bruder, sage ich dann zu mir selbst, *du bist übel dran. Was du
nämlich eigentlich damit sagst, ist, dass du nicht unterscheiden
kannst!* Langeweile kann eine ziemlich nützliche Empfindung
sein, wenn sie als Ansporn dient, wenn sie Menschen zum
Handeln bringt. Vitalität, Interesse, Neugier, Enthusiasmus –
das sind Erscheinungsformen des Lebens. Apathie, Gleichgültigkeit, Untätigkeit – sie alle führen zur Lähmung und letztlich zum Tod.

Der größte Lehrer, der je gelebt hat, war sich dieser wi-
derstreitenden Impulse des menschlichen Wesens sehr bewusst, und er ließ keinen Zweifel daran, auf welcher Seite er
stand. „Ich aber bin gekommen", so sagte er, „um ihnen das
Leben zu geben, Leben im Überfluss" (Johannes 10,10). Es
heißt, dass kleine Kinder ihm nicht widerstehen konnten und
sich begeistert auf ihn stürzten. „Hindert sie nicht, zu mir zu
kommen", sagte er, und er lächelte bestimmt dabei, „denn für
Menschen wie sie steht Gottes Welt offen" (Matthäus 19,14).
Die meisten Leute glauben, dass er damit die Natürlichkeit
und Unschuld der Kinder meinte, und vielleicht stimmt das
ja auch. Aber ich möchte gern glauben, dass er dabei auch an
ihre Energie und ihren Enthusiasmus gedacht hat.

Man sagt, dass ein erfolgreicher Mensch jemand ist, der die besten Eigenschaften aus der Kindheit mit ins Erwachsenenalter hinüberrettet. Das wird von vielen berühmten Zeitgenossen bekräftigt: Sie scheinen sich ihre Wissbegier, das Staunen, das Gespür für neue Entdeckungen viel länger als andere erhalten zu haben. Sie sind bereit, immer wieder Neues zu lernen und sich darauf einzulassen, und zwar in jeder Lebensphase. Sie haben ein breites Spektrum an Interessen. Denken Sie nur einmal an Churchill mit seiner Malerei, seiner Schriftstellerei, seiner Landschaftsgärtnerei, seiner Goldfischzucht. Juliette Low, Gründerin der Pfadfinderinnenbewegung in Amerika, war auch eine hervorragende Malerin und Bildhauerin. Und mehr noch, als sie für ihr Haus ein schmiedeeisernes Gitter haben wollte, da kaufte sie nicht einfach eins, sondern sie holte den Schmied und ließ sich zeigen, wie man selbst so etwas anfertigte.

Natürlich können wir nicht alle Churchills oder Juliette Lows sein, aber es gibt keinen Grund, nicht anzuerkennen, wie wichtig dieser „uns innewohnende Gott" ist. Wir sollten versuchen, ihn bei uns selbst zu bewahren und bei unseren Kindern zu fördern. Einer der wunderbaren Aspekte des Enthusiasmus ist ja, dass es so leicht ist, ein Feuer zu entfachen, wenn nur ein winziger Funke da ist.

Vor einiger Zeit, als unsere Siebenjährige Interesse für Astronomie zeigte, kaufte ich ihr einen Bildband darüber. Seitdem ist sie völlig begeistert. Sie kennt die Anordnung der Planeten. Sie weiß, wie groß der Jupiter ist, und sie kann auch sagen, wie viele Monde um den Mars kreisen. Die Intensität ihres Interesses wird sicher mit der Zeit nachlassen, aber solange das Interesse anhält, hat es etwas Leuchtendes, durch das die Anwesenheit des innewohnenden Gottes deutlich wird.

Jeder Mensch hat etwas von diesem göttlichen Funken in sich, vielleicht mehr, als ihm bewusst ist. Manche lassen ihn unter dem Staub ihres Alltags erlöschen. Manche bewahren ihn eifersüchtig wie in dem Gleichnis von den Talenten und vergraben ihn zur Sicherheit ganz tief in ihrem Inneren. Das ist ein Fehler. Enthusiasmus muss, wie jede andere Form der Liebeskraft, zum Ausdruck gebracht, freigesetzt werden, wenn er wachsen soll. Menschen, die ihrem Enthusiasmus freien Lauf lassen, geht er nie aus, denn indem sie ihn ausleben, fügen sie dem, was sie bereits haben, nur noch mehr hinzu.

Enthusiasmus: das größte Geschenk der Welt! Aber um es zu behalten, muss man es weitergeben.

Gemeinsames Staunen

Vor vielen Jahren wohnte in einem Sommer ein kleiner Junge in einem großen Haus am Meer. Das Haus hatte ein gewaltiges Spitzdach aus verwitterten Schindeln, das die Dächer der anderen Strandhäuser weit überragte. In dem Dach befand sich fast ganz oben am First eine Dachluke, die nur mithilfe einer Leiter zu erreichen war. Manchmal spielten Kinder auf dem Dachboden, aber es stieg nie jemand zu der Dachluke hinauf, denn sie war so hoch, dass sie für alle eine abschreckende Wirkung hatte.

Eines sonnigen Tages jedoch, als der Vater des Jungen ein paar Kisten auf dem Dachboden verstaute, sah er hinauf zum First und sagte zu seinem Sohn: „Das muss doch eigentlich ein toller Ausblick sein von da oben. Komm, wir schauen mal."

Der Junge spürte, wie sein Herz vor Aufregung und ein bisschen auch vor Angst einen Satz machte, aber sein Vater prüfte schon die alte, wackelige Leiter.

„Auf geht's", sagte er. „Ich bleibe immer direkt hinter dir."

Und dann stiegen sie hinauf in die geheimnisvolle Dunkelheit, jeder Schritt gleichzeitig Freude und Schrecken. Hinauf durch die winzigen Sonnenstrahlen, die durch die Ritzen zwischen den Schindeln drangen, und immer höher, bis der Junge die alten sonnendurchdrungenen Schindeln riechen konnte. Hinauf, bis er mit dem Kopf an die mit Spinnenweben bedeckte Luke stieß. Sein Vater schob einen Riegel zur Seite, stieß die Luke auf... und ein völlig neues Universum breitete sich vor ihm aus.

Da lag das Meer – aber was für ein Meer! Gigantisch, grenzenlos, gleißend im Sonnenlicht erstreckte es sich bis ins Unendliche, ließ, mit dem Himmel wetteifernd, das Land zwergenhaft klein wirken. Auf seltsam verkehrte Weise waren die Baumwipfel und – sogar noch unvorstellbarer – die Rücken der fliegenden Möwen von oben zu sehen. Der vertraute Pfad durch die Dünen sah aus wie ein dünner Faden, auf dem die Hitzeschwaden waberten; weit weg ein geschrumpfter Fluss mit Spielzeugbooten darauf, der sich in Richtung Meer schlängelte. All das sah er aus der Geborgenheit und Sicherheit der väterlichen Arme heraus, und die Wirkung von etwas so Neuem, einem so gewaltig erweiterten Horizont, war so ungeheuerlich, dass sich von diesem Augenblick an irgendwie die Welt seiner Kindheit veränderte. Sie dehnte sich aus; wurde anders, jedenfalls war sie nie wieder so, wie sie einmal gewesen war.

Seitdem sind Jahrzehnte vergangen; die meisten kleinen Prüfungen und Triumphe der Kindheit sind in meiner Erinnerung verblasst. Aber an diesen einen Augenblick auf dem Dach erinnere ich mich, als wäre es gestern gewesen. Und ich denke manchmal daran, wenn der Tag naht, der willkürlich zum Vatertag bestimmt wurde. Mir kommt es nämlich manchmal so vor, als ob der eigentliche Vatertag nichts mit diesem sentimentalen und kommerzialisierten Datum zu tun hat. Der eigentliche Vatertag ist der Tag, der nur in meiner Erinnerung existiert, im Kopf und in den Gedanken eines glücklichen Kindes oder nostalgischen Erwachsenen. Es ist der magische Tag, an dem – nur für einen Augenblick und vielleicht sogar nur zufällig – eine Saite angeschlagen wurde, ein Funke die Kluft zwischen den Generationen übersprang und plötzlich eine Beziehung entstand, die so innig, so intensiv war, dass sie für immer und unantastbar durch die Zeit im Netz der Seele eingefangen wurde.

Mein Vater ist jetzt schon seit vielen Jahren tot, aber er hat so viele solcher „Vatertage" in meiner Erinnerung hinterlassen, dass er mir gar nicht so weit weg scheint. Wenn ich mich nach seiner Nähe sehne, brauche ich mich nur aus dem Vorrat meiner Erinnerungen mit dem Etikett „Damals, als wir ..." zu bedienen. Manche sind Kindheitserinnerungen, so wie die an den Aufstieg zur Dachluke, manche Erinnerungen reichen ins Teenageralter zurück, und manche wären für Außenstehende sicher trivial, aber sie haben alle dasselbe Merkmal: Sie haben mit dem Gefühl des Erkundens und Entdeckens von Neuem zu tun und mit dem gemeinsamen Staunen darüber.

Einmal beispielsweise schauten wir uns ein erobertes deutsches U-Boot an, das die US-Marine in den Hafen geschleppt hatte. Wir stiegen hinunter in das Gewirr des Maschinenraumes, wo es nach kaltem Öl und Krieg und Platzangst und Tod roch. Ein anderer Besucher fragte meinen Vater verbittert, ob er die deutschen Marinesoldaten nicht auch alle für Mörder halte, die ohne Vorwarnung aus der Tiefe des Meeres zugeschlagen hätten. Ich erinnere mich, wie mein Vater daraufhin den Kopf schüttelte und sagte, dass auch sie tapfere Männer gewesen seien, genau wie ihre Gegner in den eisernen Klauen des Krieges gefangen. Die Antwort gefiel dem Fragenden absolut nicht, aber bei mir rief sie Erleichterung und Stolz hervor, als hätte mein Vater eine nicht angekündigte Prüfung bestanden.

Oder ich erinnere mich daran, dass wir einmal eine Höhle erkundeten, an einer Stelle tief unter der Erde unsere Taschenlampen ausmachten und dort in einer Dunkelheit und Stille saßen, die so tief war, dass sie sich wie die Leere vor Beginn der Zeit anfühlte. Nach einer Weile sagte mein Vater flüsternd: „Hör genau hin, dann kannst du den Berg atmen hören!" Die Kraft der Suggestion war so stark, dass ich in dieser absoluten Stille einen gewaltigen Rhythmus wahrnahm, der mich bis heute begleitet.

Ob mein Vater ganz bewusst solche Vatertage für seine Kinder herbeigeführt hat? Das bezweifle ich. Bei den Episoden, an die ich mich erinnere, bestand sein vorrangiges Interesse nicht darin, uns zu unterweisen, anzuregen oder zu belehren, sondern er befriedigte eher seine eigene Neugier und ließ uns an seinen Entdeckungen teilhaben. Er schwelgte in seiner eigenen Lust am Staunen – und beteiligte uns daran.

Und das ist der Stoff, aus dem *echte* Vatertage – und übrigens auch Muttertage – gemacht sind. Manchmal bemerken Eltern solche Augenblicke gar nicht. Wenn das aber doch der Fall ist, dann gibt es nichts Befriedigenderes auf der Welt.

Vor nicht allzu langer Zeit besuchte unsere Familie eines dieser Delfinarien, wo dressierte Tümmler – in diesem Fall war es ein kleiner Wal – eine tolle Show zeigen. Ich war so fasziniert von dem Wal, dass ich nach der Vorführung noch ein bisschen herumtrödelte, um den Trainer zu fragen, wie der Wal gefangen worden war, was er zu fressen bekam etc. Er war ein sehr hilfsbereiter Mensch. Er beantwortete nicht nur bereitwillig meine Fragen, sondern holte auch noch den

Wal an den Beckenrand, sodass wir ihm den Rücken tätscheln konnten, der glatt und hart und glänzend war wie schwarzes Gummi. Offenbar gefiel das dem Tier, denn es streckte plötzlich den Kopf aus dem Wasser, legte ihn auf den Beckenrand und schaute mit freundlichen, rötlichen Augen unsere achtjährige Tochter an, die ihm am nächsten stand.

„Anscheinend", sagte ich, „möchte er mit dir näseln."

Unsere Tochter sah gleichzeitig fasziniert und entsetzt aus.

„Nur zu", sagte der Trainer gutmütig. „Er hat bestimmt nichts dagegen."

Es folgten eine kurze, elektrisierte Pause und ein so kurz wie möglich gehaltener, feuchter Kontakt, dann zogen sich die beiden Beteiligten hastig wieder zurück. Und damit schien diese Angelegenheit beendet zu sein. Bis zum selben Abend beim Zubettgehen. Da sagte meine Tochter nämlich, nachdenklich zur Decke starrend: „Glaubst du, dass es auf der ganzen weiten Welt noch eine Drittklässlerin außer mir gibt, die schon mal mit einem Wal genäselt hat?"

„Nein", sagte ich. „Ich bin ziemlich sicher, dass du die einzige bist."

Sie stieß einen tiefen, zufriedenen Seufzer aus, schlief friedlich ein und hat das Ganze danach nie wieder erwähnt. Aber in 30 Jahren, wenn ihre Nase kribbelt oder sie nasses, schwarzes Gummi berührt oder vielleicht auch ohne jeglichen ersichtlichen Grund... nur vielleicht... wird sie sich daran erinnern.

7. Das Geschenk der Anpassungsfähigkeit

Ein großer amerikanischer Psychiater hat einmal gesagt, Einstellungen seien wichtiger als Tatsachen. Und damit hat er sicherlich recht. Die meisten Menschen verbringen einen Großteil ihres Lebens damit, ihre Einstellungen zu verändern, sie anzupassen, so gut es geht, damit sie zu den sich verändernden Realitäten in ihrem Umfeld passen.

Bei diesen endlosen Bemühungen ist der Schlüssel zum Erfolg Flexibilität – und vielleicht noch ein Hauch Demut. Bei unnachgiebigen Menschen ist es am unwahrscheinlichsten, dass sie neue Denkweisen und Denkmuster entwickeln, sich neue Gewohnheiten aneignen oder neue Philosophien oder Lebensstile ausprobieren. Selbstzufriedene Menschen sehen gar keine Notwendigkeit, sich selbst oder ihre Denk- und Verhaltensweisen zu hinterfragen oder zu verändern.

Wir von der schreibenden Zunft (die wir in unserem Herzen alle Prediger oder Reformer sind) versuchen ständig, den Menschen zu erzählen, wie sie ihre Persönlichkeit umgestalten oder ihr Leben umorganisieren sollen. Wir klingen so, als wären wir uns unserer selbst und unserer Standpunkte sehr sicher.

Aber die Wahrheit ist, dass wir in erster Linie meist uns selbst predigen.

Sei unerschrocken

Als ich einmal vor einer Entscheidung stand, die (so dachte ich jedenfalls) ziemlich riskant war, ging ich mit dem Problem zu einem Freund, der sehr viel älter und weiser war als ich. „Ich würde es ja machen", sagte ich unglücklich, „wenn ich nur wüsste, dass ich es schaffen kann, aber …"

Er sah mich einen Moment lang an und kritzelte dann zehn Worte auf ein Stück Papier, das er mir über die Schreibtischplatte hinweg zuschob. Ich nahm den Zettel und las. In nur einem einzigen Satz formulierte er damals einen der besten Ratschläge, die ich jemals bekommen habe: *Sei unerschrocken – und mächtige Kräfte werden dir zur Hilfe kommen.*

Es ist erstaunlich, wie bereits ein kleines Stückchen Wahrheit die Situation erhellen kann. Später entdeckte ich, dass diese Worte ein Zitat aus *The Conquest of Fear* von Basil King sind. Mir wurde durch sie eines klar: Wann immer ich in der Vergangenheit etwas nicht erreicht hatte, hatte es selten daran gelegen, dass ich es wirklich versucht hatte und trotzdem gescheitert war. Meist lag es vielmehr daran, dass ich mich von meiner Furcht vor dem Scheitern daran hatte hindern lassen, es überhaupt erst zu versuchen.

Und umgekehrt: Immer wenn ich – angetrieben durch einen Anfall von Mut oder auch einfach nur durch die Umstände – wirklich ins kalte Wasser gesprungen war, hatte ich schwimmen können … zumindest so lange, bis ich wieder Boden unter den Füßen gehabt hatte.

Sei unerschrocken – das war nicht die Ermahnung, leichtsinnig oder tollkühn zu sein. Unerschrockenheit beinhaltet die bewusste Entscheidung, hin und wieder einen etwas größeren Happen abzubeißen, als wir garantiert auch kauen und schlucken können. Und die mächtigen Kräfte, von denen hier die Rede ist, sind nichts Mystisches. Es sind die verborgenen Kräfte, die in uns allen vorhanden sind: Energie, Können, ein gutes Urteilsvermögen, kreative Ideen – ja sogar auch körperliche Stärke und Ausdauer, und zwar in einem sehr viel höheren Maße, als den meisten Menschen bewusst ist.

Anders ausgedrückt: Unerschrockenheit schafft eine unerwartete Lage, auf die unser Organismus reagiert. Ich habe einmal von einem berühmten englischen Bergsteiger gehört, dass Bergsteiger sich manchmal selbst in eine Situation bringen, von der aus sie nicht mehr zurück-, sondern nur noch weiter nach oben klettern können. „Wenn man nirgends mehr hinkann als nach oben", sagte er, „dann klettert man natürlich weiter nach oben!"

Dasselbe Prinzip gilt – nicht ganz so dramatisch, aber ebenso gewiss – bei etwas so Gewöhnlichem wie der Übernahme des Vorsitzes in einem Verein oder Komitee oder auch nur bei der Suche nach einem Job mit mehr Verantwortung. In beiden Fällen weiß man, dass man es schaffen muss ... sonst ... Und wenn man nicht hoffnungslos ungeeignet ist, dann schafft man es auch. Stolz, Kampfgeist und Pflichtgefühl sorgen dann schon dafür, dass man es auch schafft.

Das sind also ein paar dieser besagten mächtigen Kräfte, die einem zu Hilfe kommen.

Es sind zugegebenermaßen psychische Kräfte, aber sie sind wichtiger als die körperlichen. Es war die Kraft eines geschleuderten Steinchens, die Goliath letztlich besiegte. Aber es war die Unerschrockenheit, die David dazu brachte, es überhaupt mit dem Meisterkämpfer der Philister aufzunehmen.

Es ist wirklich seltsam, wie geistige Gesetze oft ihre Entsprechung im Körperlichen haben. Ein Studienkollege von mir war ein American-Football-Ass, und zwar besonders wegen der Verbissenheit, mit der er in Zweikämpfe ging, obwohl er viel leichter war als die durchschnittlichen Spieler. Irgendjemand bemerkte ihm gegenüber einmal, wie merkwürdig es doch sei, dass er sich dabei nie richtig schwer verletzte.

„Also, ich glaube, das liegt an etwas, das ich entdeckt habe, als ich noch ein junger, schüchterner Spieler war", sagte er dazu. „Als ich in einem Spiel ganz auf Sicherheit setzte, stand ich plötzlich dem gegnerischen Verteidiger gegenüber, und ich war das Einzige, was ihn noch von unserer Torlinie trennte. Er sah absolut riesig aus! Ich hatte solche Angst, dass ich einfach die Augen zumachte und wie eine Kanonenkugel blitzschnell gegen ihn anrannte – und ihn dadurch aufhielt. In diesem Augenblick habe ich gelernt: Je schneller man einen größeren Gegner angreift, mit umso mehr Power rennt man gegen ihn an. Der Grund ist einfach: Impuls ist gleich Masse mal Geschwindigkeit."

Anders ausgedrückt: Wenn man unerschrocken genug ist, dann kommen einem sogar die Naturgesetze zu Hilfe.

Diesen Wesenszug – die Bereitschaft, sich in eine Situation zu begeben, in der man an seine Grenzen und vielleicht sogar ein Stück darüber hinaus gehen muss – eignet man sich natürlich nicht über Nacht an. Aber man kann ihn Kindern vermitteln und auch bei Erwachsenen kann er sich noch entwickeln. Selbstvertrauen ist etwas, was allmählich zunimmt.

Sicher, bei jedem Versuch der Erweiterung des eigenen Horizontes gibt es Rückschläge und Enttäuschungen, und Unerschrockenheit allein ist ganz sicher noch kein Garant für Erfolg. Aber ich habe einmal gehört, dass ein Mensch, der etwas versucht und dabei scheitert, viel besser dran ist als jemand, der versucht, nichts zu tun, und damit Erfolg hat.

Auch mit der Unerschrockenheit kann man es natürlich – wie mit jeder anderen Tugend – übertreiben. In einer Zeit, in der ich noch um einiges impulsiver war als heute, bin ich einmal aus einem Flugzeug gesprungen, einfach nur, um zu erfahren, wie sich das anfühlt. Ich hatte natürlich einen Fallschirm – zwei, um genau zu sein –, aber ich landete prompt mit einem gebrochenen Bein im Krankenhaus. Ich nehme an, dass ich mein Hauptziel erreicht hatte, nämlich eine einigermaßen glaubwürdige Geschichte über Fallschirmspringer zu schreiben. Aber das war diesen Preis kaum wert.

Doch für jedes Mal, wo man über das Ziel hinausschießt, gibt es ein paar Gelegenheiten, wo man es nicht erreicht. In dem berühmten Gleichnis von den Talenten vergräbt der Knecht das Geld, das ihm von seinem Herrn anvertraut worden ist. Er wird schwer dafür getadelt, dass er nichts damit gemacht und nichts riskiert hat. Und die Antwort des Knechts darauf ist sehr bezeichnend. Sie ließe sich in drei Worten zusammenfassen: *Ich hatte Angst.*

Angst (das Gegenteil von Unerschrockenheit) ist die lähmendste aller Empfindungen. Sie kann buchstäblich die Muskeln erstarren lassen; das weiß jeder, der schon einmal richtige Angst gehabt hat. Und auch hier gibt es wieder eine Entsprechung von Geist und Körper: Angst kann auch das Denken und den Willen völlig lähmen. Davon können die meisten freien Journalisten und Autoren ein Lied singen. Wenn man mit einer lebhaften Fantasie gesegnet – oder auch belastet – ist, dann glaubt man nur zu leicht, dass man nicht genug Tatkraft hat, dass der Ideenfluss versiegen könnte und damit der jüngste Versuch auch der letzte gewesen sein könnte. Solche Gedanken sind richtig gefährlich. Ängste haben es nämlich – genau wie Hoffnungen und Träume – so an sich, letztendlich Realität zu werden. Es ist so, wie Hiob es formulierte, als er auf seine Qualen zurückblickte (und er war damit vielen Psychologen um ein paar Jahrtausende voraus): „Meine schlimmsten Befürchtungen sind eingetroffen, und wovor mir immer graute – das ist jetzt da!" (Hiob 3,25; Hfa).

Schon fast am Anfang der aufgezeichneten Geschichte hat die Menschheit das sicherste Gegenmittel gegen Angst gefunden – den Glauben. Der Glaube an einen lebendigen Gott und das Vertrauen in ihn machen einen Menschen größer und stärker, als er tatsächlich ist. Das hat George Washington wiederholt bewiesen und Abraham Lincoln ebenfalls. Johanna von Orleans war ein leuchtendes Beispiel dafür, wie die Kraft des Glaubens einen Menschen verwandeln kann und durch einen einzelnen Menschen dann auch eine ganze Nation verändert wird.

Diese Kraftquelle steht nicht nur Anführern zur Verfügung, sondern jedem Menschen. Ein Mensch, der fest daran glaubt, dass der Schöpfer des Universums ihn liebt und sich sehr für sein Leben interessiert, der ist befreit von einem großen Teil des Misstrauens gegen sich selbst, das unsicheren Leuten so sehr zusetzt. Angst, Schuldgefühle, Feindseligkeit, Zorn – das alles sind Empfindungen, die das Denken ersticken und das Handeln erschweren. Der Glaube reduziert oder verhindert sie und macht es so möglich, dass man etwas erreicht. Sowohl im Alten als auch im Neuen Testament wird diese Botschaft endlos wiederholt: „Der Herr ist mein Licht und mein Heil, vor wem sollte ich mich fürchten?" (Psalm 27,1; LÜ). „Dir geschehe, wie du geglaubt hast" (Matthäus 8,13; LÜ).

Unerschrockenheit ist oft gar nicht spektakulär, sondern es gibt sie auch ganz leise und unauffällig. Ich kannte einmal eine Familie, die seit Jahren in der Stadt wohnte, sich aber eigentlich nichts sehnlicher wünschte, als auf dem Land zu leben. Sie hatten kaum finanzielle Mittel, aber jede Menge geistige. Statt ihr Geld zu zählen und zu dem Schluss zu gelangen, dass ein Umzug absolut nicht infrage kam, stellten sie deshalb in aller Ruhe eine Liste mit sechs Punkten auf, die sie als Voraussetzung für ein neues Zuhause auf dem Land betrachteten. Sie einigten sich darauf, dass sie das Wagnis eines Umzugs aufs Land auch dann eingehen würden, wenn nur fünf dieser sechs Voraussetzungen erfüllt wären. Ihr neues Zuhause sollte: eine gute Aussicht haben und ein paar Schatten spendende Bäume. Es sollte ein Fluss oder Bach durch das Grundstück fließen und ein Stück Weideland für Tiere dabei sein. Und es musste so nah an einer Stadt liegen, dass der Vater jeden Tag am Morgen die Kühe melken und dann noch rechtzeitig bei der Arbeit sein konnte.

Sie fanden dieses Grundstück schließlich, nahmen einen Kredit auf, um die Anzahlung leisten zu können, und leben seitdem glücklich und zufrieden dort (und unerschrocken, obwohl sie selbst das Wort in diesem Zusammenhang sicher nicht verwenden würden).

Eine solche Zuversicht und Entscheidungsfreude sind auch oft typisch für Führungskräfte in der Geschäftswelt. Der beste Manager, mit dem ich jemals zusammengearbeitet habe, war ein Mann, der Entscheidungen meistens augenblicklich traf. Er kommentierte das hin und wieder mit den Worten: „Wenn ich dadurch einen Fehler mache, dann mache ich den wenigstens schnell." Einmal wurde er von jemandem gefragt, ob er nicht an die alte Weisheit glaube, dass man erst schauen soll, bevor man springt.

„Nein", sagte er fröhlich. „Das tue ich nicht." Er überlegte kurz und fuhr dann fort: „Das Problem bei dieser Weisheit besteht darin, dass man, wenn man zu häufig oder zu lange hinschaut, oft gar nicht mehr springt."

Risikobereitschaft und die Überzeugung, dass Menschen mit Gottes Hilfe mit fast allen Problemen fertig werden können, haben unsere Gesellschaft über mehrere Jahrhunderte geprägt. Stirbt dieser Geist aus? Manche Beobachter behaupten, dass er durch unser wachsendes Sicherheitsbedürfnis geschwächt wird. Sie sagen, dass die instinktive Reaktion auf einen Mangel eigentlich ist, die Initiative zu ergreifen und etwas zu tun. Sicherheit dagegen ist das Nichtvorhandensein von Mangel. Können diese beiden nebeneinander bestehen?

Ich glaube, dass das möglich ist, und zwar, weil es immer wieder neue und noch herausforderndere Welten zu erobern gibt. Vielleicht wird man sich an uns erinnern als die Generation, die materielle Sicherheit für alle angestrebt und dieses Ziel auch erreicht hat. Aber wir sind auch die Generation, die sich ins Weltall vorgewagt hat und die in den Atomkern eingedrungen ist. Die Risiken waren und sind immer noch erschreckend, aber die mächtigen Kräfte, die durch unsere Unerschrockenheit freigesetzt worden sind, werden eines Tages in Form von unbegrenzten Mengen an Wärme, Licht und Energie der gesamten Menschheit zur Verfügung stehen.

Eine der besten Reden, die ich jemals gehört habe, hat ein Mann gehalten, der eines Tages in unser Klassenzimmer kam und gebeten wurde, ein paar Worte an uns zu richten. Ich erinnere mich gar nicht mehr, wer er war, und ich kann ihn auch nicht wörtlich zitieren, aber sinngemäß sagte er etwa Folgendes: „Liebt das Leben. Seid immer dankbar dafür. Und zeigt eure Dankbarkeit, indem ihr Herausforderungen nicht scheut."

Vom richtigen Timing

Ich werde nie mein Interview mit dem großen, alten Schauspieler Charles Coburn vergessen. Zur Einleitung unseres Gespräches fragte ich: „Was braucht man, um im Leben voranzukommen? Verstand? Energie? Bildung?"

Er schüttelte immer wieder den Kopf. „Das sind alles Dinge, die dabei durchaus hilfreich sein können", meinte er. „Aber es gibt etwas, das ich für noch wichtiger halte: *den richtigen Moment zu erkennen.*"

Ich erinnere mich noch gut, dass ich ihn mit dem gespitzten Bleistift in der Hand einfach nur anstarrte. „Welchen Moment?"

„Den Moment", antwortete er, „in dem sich entscheidet, ob man handelt oder nicht. Den Moment, in dem sich entscheidet, ob man etwas sagt oder schweigt. Jeder Schauspieler weiß, dass auf der Bühne das Timing ein ganz entscheidender Faktor ist. Ich glaube, dass darin auch der Schlüssel zum Leben liegt. Wenn man die Kunst beherrscht, den richtigen Augenblick zu erkennen, bei der Arbeit, in der Ehe, in Beziehungen zu anderen, dann braucht man gar nicht nach Glück und Erfolg zu streben, denn die kommen dann einfach so zur Haustür hereinspaziert!"

Der alte Schauspieler hatte recht. Wenn man lernt, den richtigen Moment zu erkennen, wenn er gekommen ist, und zu handeln, bevor er verstrichen ist, dann werden die Probleme des Lebens viel einfacher. Menschen, die wiederholt scheitern, sind oft entmutigt dadurch, dass ihnen die Welt nur noch feindselig vorkommt. Dabei ist ihnen allerdings selten klar, dass sie sich zwar immer wieder um das Richtige bemühen – aber meist leider im falschen Augenblick. „Oh, diese zankenden Ehepaare", hörte ich einmal einen Familienrichter klagen. „Wenn ihnen doch nur klar wäre, dass es Zeiten gibt, in denen die Schwelle zur Gereiztheit nun mal sehr niedrig ist. Zeiten, in denen ein Mensch einfach kein Nörgeln und keine Kritik vertragen kann – oder auch nur einen guten Rat! Wenn Ehepartner sich doch nur die Mühe machen würden, sich ein wenig in die Stimmungen des anderen hineinzuversetzen und herauszufinden, wann sie eine Beschwerde äußern und wann Zuneigung zeigen sollten, dann ließe sich die Scheidungsrate garantiert halbieren!"

Der Richter sagte im Grunde genau das Gleiche wie Coburn: Erkenne den richtigen Augenblick. Als ich einmal in sehr nachdenklicher und selbstkritischer Stimmung war, fragte ich meine Frau, welcher meiner kleineren Fehler sie am meisten ärgere. Und sie antwortete wie aus der Pistole geschossen: „Dein Hang, mir erst dann zu sagen, dass meine Frisur oder mein Kleid nicht richtig sitzt, wenn wir bereits beim Gastgeber vor der Haustür stehen."

Gute Manieren sind oft nichts anderes als gutes Timing. Was ist ärgerlicher, als mitten in einer Anekdote oder einem Witz unterbrochen zu werden? Und wer hat nicht schon das Unbehagen empfunden, das sich einstellt, wenn der Besuch den richtigen Zeitpunkt zum Gehen verpasst hat und man das Gefühl hat, er bleibt ewig?

Gutes Timing bedeutet manchmal auch, das Unerwartete zu tun. In Georgia gab es einmal einen Arzt, der für ein kinderloses Ehepaar eine Adoption arrangiert hatte. Als er eines späten Abends mit seiner Frau zusammen noch ein paar Anrufe erledigte, sagte er plötzlich: „Die Adoptionspapiere sind alle in Ordnung. Komm, lass uns ins Krankenhaus fahren und das Baby für Ruth und Kenneth holen."

„Um diese Zeit?", fragte seine Frau entsetzt. „Sie sollen ihr Baby doch erst in ein paar Tagen bekommen. Du wirst sie nur zu Tode erschrecken."

„Wieso?", fragte der Arzt. „Es ist doch normal, dass Babys mitten in der Nacht kommen – und Ehepaare, die zum ersten Mal Eltern werden, sind immer zu Tode erschrocken. Wenn sie das Baby jetzt bekommen, dann haben sie einen ganz normalen Start ins Elternsein. Komm, lass uns fahren."

Also kam das Baby mitten in der Nacht; die Eltern waren durcheinander und aufgeregt, und es war wirklich ein unvergesslicher Anfang.

Ich habe lange geglaubt, dass das Gespür für das richtige Timing eine Gabe sei, etwas, das angeboren ist, wie beispielsweise Musikalität. Aber nachdem ich jetzt schon lange Menschen beobachtet habe, die diese Gabe zu haben schienen, bin ich zu der Überzeugung gelangt, dass jeder sich dieses Gespür aneignen kann, wenn er sich Mühe gibt. Wenn man die Kunst des richtigen Timings beherrschen möchte, sind dazu fünf Dinge erforderlich:

1. Machen Sie sich ständig bewusst, wie entscheidend das richtige Timing in zwischenmenschlichen Angelegenheiten sein kann.

Wenn einem erst einmal wirklich bewusst ist, wie wichtig, ja ausschlaggebend der richtige Zeitpunkt ist, dann ist bereits der erste Schritt getan, um ihn auch zu erkennen.

2. Schließen Sie einen Pakt mit sich selbst, nie etwas zu sagen oder zu tun, wenn Sie dabei von Wut, Angst, Verletztheit, Eifersucht oder Groll angetrieben werden (auch wenn Sie diesen Pakt mit Sicherheit hin und wieder brechen werden). Dieser emotionale Sand im Getriebe kann nämlich auch sorgfältig entwickelte Timing-Mechanismen komplett ruinieren. Ich habe einmal bei einer turbulenten öffentlichen Sitzung die Beherrschung verloren und ein paar harsche und sarkastische Äußerungen gemacht. Der Vorschlag, für den ich mich einsetzte, wurde dann auch prompt abgelehnt. Mein Vater, der bei dieser Sitzung ebenfalls anwesend war, sagte dazu nichts, aber am selben Abend fand ich auf meinem Kopfkissen einen unterstrichenen Abschnitt von Aristoteles: „Jeder kann zornig werden – das ist leicht; aber auf die richtige Person zornig zu sein, im richtigen Maß, im richtigen Augenblick, mit

dem richtigen Zweck und auf die richtige Art und Weise – das kann nicht jeder und es ist nicht einfach."

3. Verbessern Sie Ihre Fähigkeit der Vorausschau. Die Zukunft ist kein geschlossenes Buch. Viel von dem, was geschehen wird, wird von dem beeinflusst, was jetzt passiert. Allerdings machen sich leider nur wenige Menschen die Mühe, über das, was jetzt ist, hinauszublicken, abzuschätzen, welche Möglichkeiten es gibt, und dann entsprechend zu handeln.

Diese Fähigkeit vorauszuschauen ist im Geschäftsleben von so entscheidender Bedeutung, dass viele Firmen sie zum Maßstab für Beförderungen machen. Aber sie ist ebenso wichtig, wenn man einen Haushalt führt. Ist der nächste Samstag ein geeigneter Tag, um an den Strand zu fahren? Es ist gut, immer Brot und Aufstrich im Haus zu haben – nur für alle Fälle. Baut Ihre verwitwete Schwiegermutter gesundheitlich ab? Vielleicht sollten Sie die Möglichkeit in Betracht ziehen, dass sie zu Ihnen oder in ein Pflegeheim zieht. Zur Kunst des guten Timings gehört auch, den Augenblick zu erkennen, wenn ein sofortiges Handeln künftige Probleme verhindert oder Vorteile für die Zukunft bringt.

4. Lernen Sie Geduld. Sie müssen einfach mit Emerson glauben: „Wenn ein einzelner Mann sich unbeirrt auf seine Instinkte verlässt und dabeibleibt, wird die große Welt sich seiner Meinung anschließen." Es gibt kein Patentrezept, wie man Geduld erlangen kann; sie ist eine raffinierte Mischung aus Weisheit und Selbstbeherrschung. Aber man muss lernen, dass vorschnelles Handeln oft alles verderben kann.

5. Der letzte – und schwierigste – Schritt besteht darin, alles nicht nur aus der eigenen Perspektive zu betrachten. Wir teilen jeden Augenblick mit allen anderen lebenden Geschöpfen, aber jede Person betrachtet ihn aus einem anderen Blickwinkel. Den richtigen Moment zu erkennen bedeutet also

auch zu wissen, wie dieser für andere Menschen aussehen kann.

Die große Philanthropin Mrs Dibert aus New Orleans hat einmal erzählt, wie sie beim Durchblättern einer Zeitschrift an einem Winterabend bei einer Karikatur hängen blieb. Sie zeigte zwei arme, zerlumpte Frauen, die sich zitternd an einem kleinen Feuerchen wärmten. „Woran denkst du grade?", fragte die eine. „An die schönen warmen Sachen, die uns die reichen Ladys nächsten Sommer schenken werden", antwortete die andere darauf.

Mrs Dibert, eine großzügige Wohltäterin in vielen Bereichen, schaute sich die Karikatur lange an. Dann ging sie hinauf auf den Dachboden, räumte dort alle Truhen und Schränke aus, machte mehrere Bündel daraus und verteilte sie am nächsten Tag. Sie beschloss, ihre Wohltätigkeit besser zu timen, um denen etwas zu geben, die es jetzt sofort brauchen.

Im Alten Testament heißt es: „Jedes Ereignis, alles auf der Welt hat seine Zeit" (Prediger 3,1; Hfa).

Entschleunigung

Als ich vor ein paar Jahren auf einem Passagierschiff unterwegs nach Europa war, stöberte ich ein wenig in der Bordbibliothek und stolperte dabei über eine rätselhafte Zeile von Robert Louis Stevenson: „Extreme Geschäftigkeit, sei es in der Schule, in der Kirche oder auf dem Markt, ist ein Symptom für mangelnde Lebensfreude." Dieses „mangelnde" ist doch sicher ein Druckfehler, dachte ich – er hat bestimmt „übertriebene" gemeint. Aber Stevenson fährt fort: „Es nützt nichts, mit solchen Leuten zu reden: Sie können nicht untätig sein, dazu sind sie von ihrem Wesen her nicht großzügig genug."

Ist ein solches geschäftiges Demonstrieren von Energie manchmal nur eine Tarnung für innere Leere? Dieser Gedanke beschäftigte mich so sehr, dass ich ihn am nächsten Tag dem französischen Chefsteward gegenüber erwähnte, mit dem ich zusammen an einem Tisch saß. Er nickte zustimmend. „Stevenson hat recht", sagte er. „Und wenn ich mir die Bemerkung erlauben darf, das trifft ganz besonders auf die Amerikaner zu. Viele Ihrer Landsleute sind ständig beschäftigt, und am Ende ihres Lebens merken sie dann, dass sie gar nicht richtig gelebt haben."

An meiner anderen Seite saß ein kleiner, schmächtiger Chinese aus Hongkong. „Das stimmt", sagte er. „Wenn es keine Zeit für Stille gibt, dann gibt es auch kein inneres Wachstum. Ein Mensch, der spazieren geht, sieht viel mehr als jemand, der rennt." Er lächelte und winkte mit seiner feingliedrigen Hand. „Wenn Sie demnächst eine Aufgabe zu erledigen haben, dann versuchen Sie doch einmal, sie erst morgen und nicht schon heute zu erledigen. Vielleicht schaffen Sie so letztlich mehr – weil Sie länger leben!"

Das war ein Rat, der in meinen Ohren fast ketzerisch klang. Mein Leben war zum Bersten ausgefüllt mit Aktivitäten, und ich brüstete mich damit, dass ich keine freie Minute hatte. Aber jetzt fing ich an, ein bisschen mit bewussten Pausen herumzuexperimentieren, und ganz langsam erkannte ich, dass dieser Tempowechsel wirklich mein Leben spannender machte. Ich verlangsamte mein Lebenstempo bis zu dem Punkt, wo die atemlose Eile einer echten Wahrnehmung des Wesentlichen wich: Die Landschaft verschwamm nicht mehr, sondern ich erkannte Einzelheiten, Farben, Dimensionen und Tiefe.

Eine überraschende Entdeckung war, dass es die Effektivität steigern kann, wenn man Pausen macht. Ich stellte fest, dass man eine Aufgabe oft besser bewältigen kann, wenn man sie einen oder zwei Tage aufschiebt. Zum einen vertreibt das Warten manchmal die Spannung, die aufgrund einer stark empfundenen Dringlichkeit entsteht, und dadurch macht man weniger Fehler. Zum anderen stellt man oft fest, dass sich im Unterbewussten bestimmte Teile des Problems oder der Aufgabe bereits gelöst haben, wenn man es schon ein Weilchen mit sich herumgetragen hat.

Ein weiterer Vorteil von Pausen besteht darin, dass sie die Chancen erhöhen, richtige und vertretbare Entscheidungen zu treffen. Eine der Hauptfiguren in einem Skandal wurde kürzlich zitiert mit den Worten: „Ich bin mein ganzes Leben lang in Eile gewesen." Diese Aussage war bezeichnend. Der Mann war ständig dermaßen beschäftigt gewesen, dass er keine Zeit gehabt hatte, die Hinweisschilder an der Grenze zwischen Ehrlichkeit und Unehrlichkeit zu lesen.

Und noch eine Entdeckung habe ich gemacht: Gemächlichkeit, Stille und immer wieder kurze Phasen bewusster Ziellosigkeit führen Menschen zusammen. Angler kennen diese Art der Kameradschaft gut. Aber man muss kein Angler sein, um sie zu erleben. Versuchen Sie einmal, eine Stunde mit Ihrer Frau bzw. Ihrem Mann zu verbringen und dabei nur zu bummeln, Schaufenster anzuschauen, umherzuschlendern. Oder sammeln Sie mit Ihren Kindern zusammen Pilze oder Tannenzapfen im Wald (Kinder legen instinktiv Pausen ein). Das alte Verbot von Arbeit und organisierter Unterhaltung am Sonntag war dazu gedacht, genau diese Atmosphäre innerer Harmonie zu schaffen. Wenn Sie die Kunst des Pausenmachens praktizieren, dann verteilen Sie eigentlich den Sonntag auf die gesamte Woche.

In den vergangenen Jahren hat auch die Wirtschaft den Wert von Kaffeepausen erkannt: Die Produktion steigt an, wenn die Arbeit hin und wieder kurz unterbrochen wird. Viele Topmanager gehen inzwischen nach dem Mittagessen eine halbe Stunde lang nicht ans Telefon. Ich kenne einen Mann, der während einer endlosen Reihe von Gesprächen, Telefonaten und Meetings zwischendurch immer kleine Pausen von drei Minuten einlegt. Er lehnt sich dann zurück, legt die Füße auf den Schreibtisch und sieht aus dem Fenster. Wenn er dabei gar nichts denkt – umso besser, er ist dann umso erfrischter, wenn der nächste Termin beginnt.

Jeder kann andere Möglichkeiten zur Entschleunigung finden als Beruhigungspillen, wenn er sich sein Leben einmal genauer anschaut. Warum soll eine vielbeschäftigte Hausfrau und Mutter nicht zwischen ihren unterschiedlichen Aufgaben hin und wieder die Schuhe abstreifen und kurz die Beine hochlegen, um ein paar Minuten vor sich hin zu träumen? Wenn ihr Gewissen sie piesackt, sollte sie ihm den Mund verbieten. Wenn die Frau dann wieder vom Sofa aufsteht, wird sie merken, dass sie in der kurzen Zeit sehr viel Energie getankt hat.

Menschen, die Pausen machen, sind keine Zeitverschwender, sondern Zeitverwender.

Zugegeben, man kann es mit dem Pausieren auch übertreiben. Es ist etwas Köstliches, noch fünf Minuten länger im Bett zu bleiben, aber eine ganze Stunde länger kann nicht nur langweilig werden, sondern verheerende Folgen haben. Früher oder später müssen die meisten Menschen doch aufstehen, ins Büro gehen oder die Kinder für die Schule fertig machen – sich eben um die ganz normalen Alltagspflichten kümmern. Das gelingt allerdings besser, wenn wir emotional ausgeglichen sind und über die kontrollierte Energie verfügen, die sich aus dem bewussten Verlangsamen des Lebenstempos ergibt.

Warum es nicht einfach ausprobieren? Dazu ist nicht mehr nötig als die Kraft, etwas nicht zu tun. Beschließen Sie, sich nicht hetzen zu lassen, sich nicht drängen zu lassen und nicht alles notwendigerweise sofort zu erledigen.

Die Kunst, anders zu sein

Eine der lebendigsten und auch schmerzlichsten Erinnerungen meines Lebens hat zu tun mit … einem Hut.

Als ich sieben Jahre alt war, schickten mich meine Eltern in ein Ferienlager, das ein bisschen militärisch angehaucht war. Zur vorgeschriebenen Ausrüstung jedes Teilnehmers gehörte auch ein Pfadfinderhut, der nicht unbedingt hoch sein musste, aber eine breite Krempe haben sollte. Dieser Hut musste immer beim nachmittäglichen Appell getragen werden.

Aber meine Eltern besorgten mir keinen solchen Pfadfinderhut, sondern schickten mich durch irgendein katastrophales Versehen mit einem uralten Armeehut, etwa Jahrgang 1917, auf die Reise. Er hatte zwar einen breiten Rand, aber wenn ich ihn aufsetzte, befand ich mich praktisch in völliger Dunkelheit, weil er mir viel zu groß war. Der Hut war auch nicht flach, sondern ragte für mein Empfinden ungefähr einen halben Kilometer steil in die Luft. Immer, wenn ich den Hut aufhatte, war ich kein unscheinbarer kleiner Junge mit Heimweh mehr, sondern eine Kuriosität.

Jedenfalls fühlte ich mich so. Wenn ich heute daran zurückdenke, dann kann ich über die Erinnerung an mein blasses, kleines Gesicht, das verloren unter dem monströsen Hut hervorlugte, lachen. Aber damals war es kein bisschen witzig. Ich fühlte mich elend, absolut erbärmlich.

Warum das so war? Weil ich anders war – anders als die anderen, anders als die Masse.

Es gibt sicher nur wenige Menschen, die sich nicht an eine solche Kindheitsepisode der Einsamkeit und des Andersseins erinnern können. Und es gibt noch wenigere, die nicht einen Teil dieser tief verwurzelten Angst vor einer solchen Situation mit ins Erwachsenenalter nehmen. Es ist eine Furcht, die so grundlegend ist wie die Angst vor dem Fallen. Und in gewisser Weise ist es ja auch die Angst vor dem Fallen – nämlich bei anderen in Ungnade zu fallen, weil man anders ist als sie.

Wenn uns aber Führungsqualitäten wichtig sind, wenn wir Erfolg haben wollen, wenn uns unser eigenes mühsames Streben nach Reife am Herzen liegt, dann müssen wir lernen, diese Angst zu überwinden oder sie zumindest in den Griff zu bekommen.

Der Lohn des Andersseins ist unschwer zu erkennen. Egal, auf welchem Gebiet – Wissenschaft, Unterhaltung, Recht, Bildung, Geschäftsleben –, es besteht Bedarf an Persönlichkeiten, deren Leistungen überdurchschnittlich und die deshalb anders sind. Bei jeder Party ist der spannendste und anziehendste Gast derjenige, dessen Ideen und Beobachtungen inspirieren, weil sie anders sind. Wenn man eine Umfrage starten würde, wie viel eine bestimmte Person verdienen soll, würde das Einkommen ohne Zweifel ziemlich genau mit ihrer Fähigkeit korrelieren, neue Ideen zu entwickeln, ungewöhnlich viel Ausdauer oder Energie an den Tag zu legen, Risiken einzugehen, kurz: anders zu sein.

Die Angst vor dem Anderssein lässt – wie eigentlich fast alle Ängste – nach, wenn man sie einmal etwas genauer betrachtet. Die Ursache dieser Angst ist häufig, dass man ständig um sich selbst kreist. Der seltsame Hut in meiner Kindheit hat vielleicht bei den anderen einen Augenblick lang für

Erheiterung gesorgt und zu Hänseleien geführt. Aber die ganze Angelegenheit war eigentlich viel zu unbedeutend, als dass sie lange angehalten hätte. Ich selbst war es, der dafür sorgte, dass der Zwischenfall wichtig blieb, weil ich mich so sehr damit quälte. Wenn man diese Art der Unsicherheit als umgekehrten Egoismus betrachtet, dann ist die Wahrscheinlichkeit längst nicht so groß, dass man ihr zum Opfer fällt.

Es ist auch hilfreich, sich hin und wieder daran zu erinnern, dass ein Teil der Missbilligung oder Feindseligkeit, die man so fürchtet, wahrscheinlich eingebildet ist. Diese Tendenz, eine Bedrohung zu sehen, wo es gar keine gibt, plagt wohl alle Menschen hin und wieder in unterschiedlichem Ausmaß, und das fängt schon ganz früh an. Wir haben vor ein paar Tagen ein klassisches Beispiel dafür in unserem eigenen Garten erlebt. Ein vier Jahre altes Kind, das bei uns zu Besuch war, fand im Garten eine kleine, aber lebende Grille und schrie in den höchsten Tönen um Hilfe.

Unsere dreijährige Tochter nahm die ganze Sache ziemlich gelassen: „Grillen tun doch gar nichts", sagte sie hochmütig. „Ich mag Grillen."

Das andere Mädchen ließ sich jedoch in seiner Angst nicht so leicht beirren. „Aber Grillen", sagte sie in düsterem Ton, „mögen *mich* nicht!"

Eine weitere Möglichkeit, die Angst vor dem Anderssein abzubauen, besteht darin, sich bewusst zu machen, dass man sich in guter Gesellschaft befindet, wenn man wirklich einmal in eine Situation gerät, in der man sich lächerlich macht oder Ablehnung erfährt. Nur sehr wenige der großen Pioniere des Denkens und Handelns sind nicht ausgelacht, kritisiert oder gar zu Märtyrern gemacht worden.

Die meisten großen Glaubensführer der Geschichte waren unangepasste Querdenker. Jesus war ein religiöser Revolutionär.

Er provozierte die Obrigkeit und die Amtsträger, als er beispielsweise am Sabbat Kranke heilte, sich mit Sündern an einen Tisch setzte oder die Händler aus dem Tempel vertrieb.

Es erfordert Mut, anders zu sein, aber in gewisser Weise ist es auch eine Kunst: die Kunst, andere nicht unnötig mit dem eigenen Anderssein zu reizen. Die Menschen haben nicht annähernd so viel gegen das Anderssein wie gegen eine überhebliche Haltung, die oft mit einer solchen Abgrenzung einhergeht.

Es gibt dazu eine simple Faustregel: Sei so anders, wie du willst, aber sei den Leuten gegenüber tolerant, die anders sind als du. Wenn wir uns alle gegenseitig das Recht zugestehen würden, einfach wir selbst zu sein, dann wären wir schon unterschiedlich genug. Als Henry Thoreau acht Jahre alt war, fragte jemand ihn, was er denn einmal werden wolle, wenn er groß sei. „Nun", antwortete der Junge, „ich will ich sein!" Und das war er dann ja auch.

Also schauen Sie sich Ihr Leben einmal an und überprüfen Sie die Bereiche, in denen Sie sich von der törichten Angst vor dem, „was die Leute sagen", zurückhalten oder bremsen lassen. Und dann tun Sie einfach ein paar dieser unkonventionellen Dinge. Die Strafe dafür fällt vielleicht viel geringer und der Lohn vielleicht viel größer aus, als Sie gedacht hätten.

Mini-Maximen für meinen Patensohn

Lieber Sandy,

ich habe gerade deine nette Dankeskarte für das Geschenk zu deinem Schulabschluss bekommen, das ich dir vor ein paar Wochen geschickt hatte. Lachen musste ich über dein „P. S.", in dem du sagst, dass solche Geschenke zwar prima sind, es dir aber lieber wäre, wenn dir jemand „ein halbes Dutzend idiotensichere Tipps geben könnte, wie man in dieser Welt gut zurechtkommt".

Offen gestanden, Sandy, fällt mir zu diesem Thema nichts Originelles ein. Aber ich habe im Laufe der Zeit einige Gedanken dazu gesammelt – keine Plattitüden, sondern Weisheiten, die so zugespitzt waren, dass sie mir bis heute im Gedächtnis geblieben sind. Prinzipien, die Energie freisetzen, die das Lösen von Problemen erleichtern und die Abkürzungen zu erstrebenswerten Zielen ermöglichen. Niemand hat sie mir hübsch verpackt überreicht, sondern ich habe sie immer irgendwo aufgeschnappt. Normalerweise kamen sie von Leuten, die nicht unbedingt für ihre große Weisheit bekannt waren. Verglichen mit den großen, lang erprobten Verhaltensregeln scheint es sich nur um wenige kleine Veränderungen zu handeln. Aber jede von ihnen hat dazu beigetragen, mein Leben ein ganzes Stück leichter, glücklicher und produktiver zu machen.

Und hier sind sie. Ich hoffe, dass du sie ebenfalls nützlich findest.

1. Wenn du die Fakten nicht ändern kannst, dann versuche, deine Einstellung anzupassen.

Die trostloseste Phase meines Lebens war bis jetzt mit Sicherheit der Winter 1942/1943. Ich war bei der Luftwaffe in England. Unsere Bomber-Stützpunkte, die man aus dem völlig durchweichten englischen Boden gestampft hatte, waren eine einzige Schlammwüste. Auf dem Boden war den Leuten kalt, sie fühlten sich elend und hatten Heimweh, und in der Luft wurden sie abgeschossen. Es gab kaum Ersatzteile und die Moral der Truppe war schlecht.

Aber es gab einen Sergeant, der stets fröhlich und guter Dinge war, der Humor hatte und fast immer lächelte. An einem nasskalten Tag mit Schneeregen beobachtete ich einmal, wie er sich fröhlich pfeifend abmühte, eine *Fortress* zu bergen, die von der Startbahn in einen offenbar bodenlosen Sumpf abgerutscht war. „Sergeant", sagte ich gereizt zu ihm, „wie können Sie bei einem solchen Chaos pfeifen?"

Er grinste mich mit schmutzverkrustetem Gesicht an. „Leutnant", sagte er, „wenn die Fakten nicht zu ändern sind, dann muss man eben seine Einstellung so verändern, dass sie passt. Das ist alles."

Prüfe das einmal selbst nach, Sandy. Du wirst sehen, dass bei der Konfrontation mit Problemen der eine mit Bedacht, Bereitwilligkeit und Mut reagiert, ein anderer mit Ablehnung und Verbitterung, und ein dritter läuft vielleicht einfach davon. Es gilt wohl für jedes Leben, dass die Fakten meistens ziemlich unnachgiebig sind. Aber Einstellungen sind etwas, wofür wir uns entscheiden können – die Wahl liegt ganz bei uns.

2. Geh nicht vorn ans Netz, wenn du nichts mehr zu bieten hast.

Bei einem Elternabend machte ein Anwalt – ein Freund und Tennispartner von mir – einen Vorschlag, mit dem ich nicht einverstanden war und den ich deshalb infrage stellte. Als ich jedoch mit dem Vortragen meiner – wie ich dachte, ganz guten – aus dem Ärmel geschüttelten Argumentation fertig war, stand mein Freund auf und nahm sie total auseinander. Wo ich eine Meinung vertreten hatte, kam er mit Fakten; wo ich Theorien erläutert hatte, kannte er Statistiken. Er wusste offensichtlich so viel mehr über dieses Thema als ich, dass sein Standpunkt sich mühelos durchsetzte. Als wir uns hinterher auf dem Gang trafen, sagte er augenzwinkernd: „Du hättest lieber nicht vorne ans Netz kommen sollen, wenn du nichts mehr zu bieten hast!"

Es stimmt: Ein Tennisspieler, der nach einem schlechten Schlag vorne ans Netz geht, ist hoffnungslos verwundbar. Und dasselbe gilt auch, wenn man in irgendein Projekt hineinrauscht, ohne sich vorbereitet oder richtig geplant zu haben. Bei jedem wichtigen Vorhaben kommt es darauf an, vorher seine Hausaufgaben zu machen, die Fakten zu kennen und die eigenen Fähigkeiten zu verbessern. Anders ausgedrückt: Bluffe nicht – denn wenn du das tust, wird das Leben in 9 von 10 Fällen eine Rückhand an dir vorbeischmettern.

3. Zieh die Tanzschuhe aus, wenn der Ball zu Ende ist.

Das hat meine Tante immer gesagt, als ich klein war, und es hat mich ziemlich irritiert – bis zu dem Tag, an dem sie diese Lektion an einem praktischen Beispiel erläuterte. Meine Schwester war von einem Wochenende voller Glanz und Glamour zurückgekommen, mit Partys und vielen interessanten Menschen. Jetzt stöhnte sie über den Gegensatz zu ihrer eintönigen Arbeit, ihrer bescheidenen Wohnung und ihren ganz normalen Freunden. „Junge Dame", sagte unsere Tante sanft, „niemand lebt dauerhaft auf dem Berggipfel. Es ist schön, hin und wieder dort hochzusteigen, um sich anregen zu lassen und eine neue Perspektive zu gewinnen. Aber danach muss man dann auch wieder hinunter ins Tal. Das Leben findet in den Tälern statt. Dort sind die Bauernhöfe und Gärten und Obstwiesen, und dort wird gepflügt und geackert. Das sind die Orte, an denen du die Visionen umsetzt, die du vielleicht dort oben auf dem Gipfel gehabt hast."

Es ist ein beruhigender Gedanke, dass man, wenn es so weit ist – was irgendwann immer unweigerlich der Fall ist –, die Tanz- wieder gegen Arbeitsschuhe tauscht.

4. Putz den Heiligenschein deines Nachbarn.

Als ich einmal an einem Sonntagmorgen auf einer Bank ganz hinten in einer kleinen Kirche auf dem Lande so vor mich hin döste, hörte ich, wie der Prediger seine Schäfchen eindringlich aufforderte: „Hört auf, euch Sorgen um euren eigenen Heiligenschein zu machen, und putzt lieber den eures Nachbarn!" Ich war auf der Stelle hellwach, denn es war das beste Kurzrezept zum Umgang mit Menschen, das mir je zu Ohren gekommen war.

Mir gefällt dieser Rat, weil er besagt, dass jeder in irgend-einem Lebensbereich einen Heiligenschein hat, der es wert ist, beachtet und gewürdigt zu werden. Außerdem mag ich das witzige Bild, das er bei mir heraufbeschwört: Jeder poliert eifrig den kleinen göttlichen Lichtkranz über dem Kopf des anderen. Der Rat gefällt mir auch wegen der entschiede-nen Art, mit der er den Fokus vom eigenen Ich auf das In-teresse an anderen und die Fürsorge für sie verschiebt. Und schließlich spiegelt er eine tiefe psychologische Wahrheit wi-der: Menschen neigen dazu, genau so zu werden, wie es von ihnen erwartet wird.

5. Denk immer an das Gesetz des Echos.

Ich erinnere mich noch ganz genau, bei welcher Gele-genheit ich diesen ziemlich unbequemen Rat zu hören be-kam. Auf dem Heimweg vom Internat saßen ein paar von uns Jungs im Speisewagen des Zugs. Irgendwie kam das Ge-spräch aufs Schummeln bei Klassenarbeiten und Prüfungen, und ein Junge gab bereitwillig zu, dass er eigentlich ständig schummle. Er sagte, er fände es total einfach und außerdem zahle es sich aus.

Plötzlich beugte sich ein sehr sanft dreinblickender Mann vor, der allein an einem Tisch auf der anderen Seite des Gangs saß – er war vielleicht Buchhalter oder Banker. Er mischte sich in unser Gespräch ein und sagte, an den Befürworter des Schummelns gewandt: „Wenn ich du wäre, würde ich das Ge-setz des Echos im Auge behalten."

Das Gesetz des Echos – gibt es so etwas eigentlich wirklich? Ist unser Universum wirklich so konzipiert, dass das, was man aussendet – Ehrlichkeit oder Unehrlichkeit, Freundlichkeit oder Grausamkeit –, letztlich wieder zu einem zurückkommt? Man kann da natürlich nicht ganz sicher sein. Aber dennoch, seit Anbeginn der Zeiten vertritt die Menschheit die Überzeugung – teilweise auf Intuition, teilweise auf Beobachtung basierend –, dass man langfristig erntet, was man sät.

Sandy, du weißt genauso gut wie ich, dass es in diesem undurchsichtigen Bereich keine endgültigen Antworten gibt. Aber ich würde, genau wie es der Mann damals gesagt hat, an deiner Stelle das Gesetz des Echos im Blick behalten!

6. Trag unter der Dusche keinen Regenmantel.

In jener fernen Vergangenheit, als ich noch Pfadfinder war, hatte ich einen Gruppenleiter, der ein begeisterter Naturfreund und Förster war. Er machte mit uns Wanderungen, auf denen er kein Wort sagte, und forderte uns danach auf zu beschreiben, was wir beobachtet hatten: Bäume, Pflanzen, Vögel, Wild, einfach alles. Es war ausnahmslos so, dass wir nicht ein Viertel von dem mitbekommen hatten, was er gesehen hatte, und nicht halb so viel, wie ihn zufriedengestellt hätte. „Die Schöpfung ist überall um euch herum", rief er immer und beschrieb mit seinen Armen riesige Kreise in der Luft. „Aber ihr sperrt sie einfach aus. Seid doch nicht so zugeknöpft! Hört endlich auf, euch im Regenmantel unter die Dusche zu stellen!"

Ich habe dieses skurrile Bild von einer Person, die mit einem bis oben zugeknöpften Regenmantel bekleidet unter der Dusche steht, nie vergessen. Es war eine eindrückliche Ermahnung zu erhöhter Aufmerksamkeit.

Die beste Art, sich dieses Regenmantels zu entledigen, besteht darin, sich neuen Erfahrungen auszusetzen. Meist ist es die Routine, die den Blick abstumpfen lässt und das Gehör betäubt. Alles Neue schärft beides. Wenn du also ein besseres Gespür für Spaß, Spannung und Erwartung in deinem Leben haben möchtest, dann sei nicht zugeknöpft und verschlossen, sondern zieh diesen Regenmantel aus und lass die Schöpfung an dich heran!

All diese Weisheiten, an die ich mich jetzt erinnere, lenken einen wirklich auf das gleiche Ziel hin, nämlich intensiver am Leben teilzuhaben, sich immer mehr darauf einzulassen. Und das geschieht auf keinen Fall von selbst. Dennoch hat jeder von uns jeden Tag aufgrund der wunderbaren Gerechtigkeit Gottes genau dieselbe Anzahl von Minuten und Stunden zur Verfügung. Was wir damit anfangen, liegt ganz bei uns.

Ein kluger Mann hat einmal gesagt, dass nicht das eine Tragödie ist, was wir erleiden, sondern das, was wir verpassen. Denk daran, Sandy.

In Liebe

dein Patenonkel

8. Das Geschenk des Lebens – und was danach kommt

In diesem ganzen Buch geht es um das größte aller Geschenke, nämlich das Leben selbst. Meistens nehmen wir es einfach als selbstverständlich hin. Wir wachen jeden Morgen auf und sind einfach *da*. Wir gehen, reden, schlafen, essen, lieben, hassen und tun auch alles andere, ohne die Tatsache zu bedenken, dass es zu einem solchen bewussten Tun und Fühlen vielleicht nie gekommen wäre, wenn es nicht neun Monate vor unserem ersten Atemzug zu einem fast willkürlichen Zusammenprall von Zellen gekommen wäre.

Und wir denken gar nicht gern an den Tag, an dem all dies wieder aufhören wird.

Mir kommt das Leben immer wieder so vor, als hätte mir jemand eine Freikarte für eine tolle Theateraufführung geschenkt. Jeden Tag hebt sich der Vorhang vor einer neuen Kulisse, in der eine neue Szene gespielt wird, mitreißend und spannend. Aber so sehr einen diese Abfolge von Szenen fesseln und begeistern mag, sie kann nicht ewig weitergehen, und das ist wahrscheinlich auch gut so. Früher oder später würde sich nämlich wahrscheinlich auch der begeistertste Theaterbesucher langweilen. Niemand möchte die ganze Nacht im Theater verbringen, egal, wie spannend das Stück ist.

Und was passiert, wenn man das Theater wieder verlässt? Man kann natürlich glauben, dass gar nichts passiert; dass alles wieder so dunkel und leer ist wie vor Beginn der Aufführung. Aber man kann auch glauben, dass dann eine neue Form des Bewusstseins beginnt. Man kann alles glauben, was man möchte, aber vielleicht erfährt man es nie mit letzter Sicherheit.

Je älter ich werde, desto mehr neige ich zu der Überzeugung, dass nach dem Tod noch etwas kommt. Der Grund dafür mag manchem vielleicht schwach oder naiv vorkommen, aber für mich ist er ziemlich gewichtig: Das Ganze – also der gesamte gigantische Webteppich der Realität, wie wir sie wahrnehmen, das Universum voller Sterne, die wirbelnden Massen von Elektronen, aus denen die Milchstraße oder die Blätter bestehen, die Milliarden von Zellen, die mein Gehirn und die Gehirne aller anderen lebenden Geschöpfe bilden –, diese gesamte fantastische Show, diese ganze unglaubliche Angelegenheit ist einfach zu kompliziert, zu zielgerichtet, zu schön im Gleichgewicht, zu schlau ausgeklügelt, als dass sie in Sinnlosigkeit enden könnte. Es fällt mir immer schwerer zu glauben, dass das Wesen, das wir als Mensch bezeichnen (und mir scheint es immer offensichtlicher, dass dieses Wesen eine Verbindung aus Geist und Materie ist), einfach aufhören soll zu existieren nach einer Veränderung, bei der lediglich der körperliche Aspekt dieses Wesens wegfällt.

Ich meine, *unser Leben ist viel zu komplex, als dass es sinnlos sein könnte!*

Es kann natürlich sein, dass ich das aus reinem Egoismus so empfinde – das ewige Zögern des Menschen, sein verzweifeltes Bedürfnis nach Wichtigkeit und Bedeutung aufzugeben. Ein Pastor, den ich kenne, drückt es so aus: Wir versuchen nicht, die Unsterblichkeit zu beweisen, damit wir weiter daran glauben können, sondern weil wir nicht anders *können*, als daran zu glauben.

Vielleicht ist es ja wirklich so. Aber aus welchem Grund auch immer, ich glaube, die Chancen, dass da draußen, in dem „unentdeckten Land", wie Shakespeare es nennt, noch etwas ist, stehen besser als die, dass dort nichts ist.

So stehe ich persönlich also zu dieser Frage.

Nicht viel von dem, was ich bisher geschrieben habe, beschäftigt sich direkt mit dem Tod, weil die meisten Verleger (vielleicht zu Recht) das Gefühl haben, die Leser hätten Angst vor diesem Thema oder fänden es zumindest deprimierend. Zwei Mal habe ich mich dann allerdings doch diesem Thema genähert und es nicht vermieden.

Das eine Mal war ich in England, als Michael Randolph, der Herausgeber der englischen Ausgabe von *Reader's Digest,* mich bat, ein Krankenhaus am Stadtrand von London zu besuchen und darüber zu berichten. Er sagte, es würde ein schwieriger Auftrag werden – und in gewisser Weise war er das dann auch. Aber er war auch ermutigend und bereichernd.

Das zweite Mal hatte mit einem persönlichen Erlebnis zu tun, und mein amerikanischer *Reader's Digest*-Herausgeber John Allen drängte mich, es aufzuschreiben, und zwar genau so, wie es passiert war, ohne etwas wegzulassen oder hinzuzufügen. Ich zögerte zwar eine Weile, aber dann habe ich es schließlich doch getan.

Dem ersten Versuch gab ich den Titel „Das Ende der Reise", dem zweiten „Heimgegangen". Aber sie eigneten sich beide nicht für Michael und John.

Hier sind sie.

Das Ende der Reise

Das Außergewöhnliche war, dass keine Angst zu spüren war. Manche Krankenhäuser sind wie durchtränkt von Einsamkeit und Angst. Hier, an einem Ort, der auf unheilbar kranke Menschen spezialisiert war, nahm ich keins von beidem wahr. Die Mehrbett- und auch die Einzelzimmer in dieser medizinischen Einrichtung am Stadtrand von London waren hell und bunt und voller Blumen. In einem Zimmer, in dem an einer Schnur Grußkarten über dem Kopfende des Bettes aufgehängt waren, erzählte mir eine attraktive Frau von Mitte 40, dass ihr Mann, der von Beruf Musiker sei, an diesem Abend bei der Premiere der „Zauberflöte" in Kopenhagen mitspiele. „Ich wäre zu gern dabei", sagte sie ein wenig wehmütig. Aber dann fügte sie sehr sachlich hinzu: „Vielleicht schaffe ich es ja doch noch, wenn es demnächst eine Aufführung hier in London gibt."

Auf einer der kleinen Stationen scherzten zwei alte Damen mit mir, und dann brachen sie beide in Gelächter aus, was alle anderen Anwesenden zum Lächeln brachte. Auch andere Patienten waren munter und heiter, egal ob sie bettlägerig oder auf den Beinen waren und mit Besuch plauderten. *Sie haben keine Angst oder sorgen sich*, sagte ich mir; *das sieht man an ihren Gesichtern.* Selbst die Besucher sahen entspannt aus, obwohl sie, genau wie ich, wussten, dass die meisten dieser Patienten nicht wieder nach Hause entlassen werden würden.

Ich war unterwegs zu einem Interview mit der Chefärztin, deren Ansatz zum Umgang mit dem Tod anscheinend von Menschen mit medizinischen Berufen auf der ganzen Welt studiert und bewundert wurde. Ich wollte objektiv darüber berichten; das war der eine Grund, weshalb ich hier war, aber es gab auch noch einen anderen Grund. Ich hatte diesem unausweichlichen Aspekt des Lebens, von dem wir alle nur durch eine relativ kurze Zeitspanne getrennt sind, noch nie direkt ins Gesicht gesehen. Wenn die Philosophie dieser Ärztin und ihr Umgang mit der Realität des Todes die Ängste beschwichtigen konnten, mit denen die gesamte Thematik behaftet ist, dann wollte ich über beides etwas erfahren.

Sie saß mir in einem weißen Kittel an ihrem Schreibtisch gegenüber. Ihr Blick drückte ein wenig Sorge aus, und ich wusste: Das Allerletzte, was sie wollte, war, selbst bekannt zu werden oder zu einem sensationslüsternen oder sentimentalen Bericht über ihre Arbeit beizutragen.

„Wir bezeichnen uns selbst als Hospiz", sagte sie. „Hospize waren nämlich ursprünglich einmal Raststätten für Pilger, für erschöpfte Reisende, die Schutz brauchten. Die meisten Menschen, die zu uns kommen, sind sehr müde. Manche sind einsam, viele haben Angst, und ein paar sind auch am Rande der Verzweiflung. Als Erstes versuchen wir immer, dafür zu sorgen, dass sie sich hier zu Hause und willkommen fühlen. Wenn sie mit dem Krankenwagen ankommen, dann geht ein Mitarbeiter immer schon zu ihnen, bevor sie aufs Zimmer gebracht werden, und sagt: ‚Sie sind hier herzlich willkommen.' Und das sind sie auch wirklich."

„Ich nehme an", sagte ich, „dass manche von ihnen das Gefühl haben, nirgends wirklich willkommen zu sein, oder?"

„Ja, und zusätzlich zu der Angst vor Schmerzen oder dem Verlassenwerden haben sie oft auch noch Angst davor, anderen auf unzumutbare Weise zur Last zu fallen. Wir tun alles, was in unserer Macht steht, um ihnen von Anfang an diese Angst zu nehmen. Grundsätzlich ist es unser Ziel, den schwer kranken Patienten dabei zu helfen, das zu tun, was wir alle ständig tun sollten – nämlich so erfüllt und normal wie möglich zu leben."

„Ist das nicht schwierig", fragte ich, „wenn jemand Schmerzen hat oder fast gar nichts mehr tun kann?"

„Wir sagen unseren Patienten, dass sie sich nicht allzu viele Sorgen über körperliche Schmerzen machen sollen, weil wir eine Vielzahl von Mitteln einsetzen können, die die Schmerzen meist vollständig nehmen, zumindest aber in erträglichen Grenzen halten können. Was den Umstand angeht, gar nichts mehr tun zu können – ein Mensch kann völlig hilflos sein, man kann ihm aber dennoch das Gefühl geben, dass er wichtig ist. Wir versichern unseren Patienten, dass wir sie brauchen, und das tun wir auch. Sie lehren uns ständig Dinge über ihre Situation, die wir dann wieder als Lehrende weitervermitteln können."

Ich bemerkte, dass die meisten Patienten, die ich gesehen hätte, in Mehrbett- statt in Einzelzimmern untergebracht wären.

„In Mehrbettzimmern", sagte die Ärztin, „haben Menschen eher das Gefühl, gebraucht zu werden, weil sie sich dort gegenseitig helfen. Das gehört zu unseren Bemühungen, die Isolation zu durchbrechen, die den Sterbenden oft so schwer zu schaffen macht. Leiden, egal welcher Art, wird durch Isolation noch verstärkt."

Das Hospiz verdankt seine Entstehung genau einem solchen Erlebnis im Jahr 1948, als ein junger polnischer Einwanderer, der keine Angehörigen und Freunde hatte, sterbend in einem großen Krankenhaus in London lag. Er sprach mit einer Sozialarbeiterin über sein Gefühl völliger Einsamkeit und Verzweiflung. Und sie erzählte ihm im Gegenzug von ihrem Traum von einem Haus, wo Menschen wie er die letzten Wochen ihres Lebens hier auf der Erde in Würde, Annahme und mit möglichst wenig Schmerzen verbringen könnten.

Als der junge Mann dann starb, hinterließ er der Sozialarbeiterin 500 Pfund, „um ein Fenster in Ihrem Heim zu bezahlen". Sie studierte dann Medizin, vergaß aber nie ihren Traum. Im Jahre 1959 fing dann die Planungsphase an und 1965 war Baubeginn. Der Bauplatz, das Gebäude mit 70 Betten und die medizinische Ausstattung kosteten schließlich eine halbe Million Pfund, die ausschließlich durch Spenden finanziert wurden.

Ich fragte die Chefärztin, ob das Hospiz eine christliche Einrichtung sei.

„Ja", antwortete sie, „aber wir nehmen auch Patienten jedes anderen Glaubens auf und auch solche, die gar nicht glauben. Ich stimme aber den katholischen Schwestern in einem Krankenhaus zu, in dem ich einmal gearbeitet habe. Sie haben immer gesagt, dass durch den Glauben alle Schmerzmittel besser wirken."

„Meinen Sie durch den Glauben an eine Form von Leben nach dem Tod?"

„Ich würde eher sagen, durch den Glauben an Leben und Tod. Vertrauen und Glaube an das Leben und an den Tod unterscheiden sich gar nicht so sehr. Die Bereitschaft, *Ja* zum Tod zu sagen, ist meiner Überzeugung nach auch eine Bestätigung des Lebens."

„Wenden sich denn in dieser Umgebung viele Patienten, die früher Atheisten oder Agnostiker waren, am Ende dem Glauben zu?", fragte ich weiter.

„Ja", antwortete die Ärztin. „Anscheinend wird der Geist oft stärker, wenn der Körper schwächer wird. Ich möchte gern glauben, dass es sich dabei weniger um eine Flucht vor der Angst handelt als um die Entdeckung des Einen, der die Menschen ihr ganzes Leben lang auf alle möglichen unterschiedlichen Weisen gesucht hat. Auf jeden Fall ist es so, dass der Glaube dem Tod einen positiven Wert geben kann. Denn die Patienten können es dann so sehen, dass sie im Augenblick des Todes alles, was sie noch sind und haben, Gott hingeben."

Ich sprach über den Humor und die Heiterkeit, die ich auf den Stationen erlebt hatte, woraufhin die Ärztin lächelte: „Darüber wundern sich alle, aber das Leben hier hat auch eine Leichtigkeit, wissen Sie. Wenn man den Weg zum Ende hin gemeinsam gehen kann, dann braucht es kein verzweifelter oder düsterer Weg zu sein – also feiern wir auch Partys und lachen. Ablenkung und Vergnügen sorgen vorübergehend dafür, dass Unglück und Schmerzen vergessen werden. Aber es gibt auch noch eine tiefere Freude. Sie stellt sich dann ein, wenn ein Patient es schafft, den Schritt vom wehmütigen oder ablehnenden ‚Ich will nicht sterben' zu einer stillen Annahme zu machen, die sagt: ‚Ich möchte das tun, was richtig ist.'"

Ich sagte: „Am meisten beeindruckt mich an Ihrem Hospiz, dass hier keine Angst herrscht. Worauf führen Sie das zurück?"

„Ein Grund ist vielleicht, dass wir uns sehr bemühen, ein Gleichgewicht zwischen den menschlichen Bedürfnissen und dem medizinisch Notwendigen herzustellen", antwortete die Ärztin. „In manchen Krankenhäusern herrscht eine solche Hektik, dass im Kampf gegen den Tod die eigentlichen menschlichen Bedürfnisse vernachlässigt werden. Wir hier glauben, dass es besser ist, an unserem letzten Nachmittag vielleicht ganz genüsslich eine Tasse Tee zu trinken, als an Infusionen und Geräten und Schläuchen zu hängen.

Ein weiterer Grund, weshalb hier keine Angst herrscht: Im Gegensatz zur allgemeinen Überzeugung ist der Tod gar nicht so erschreckend, wenn er nah ist oder wenn es den Menschen erlaubt wird, sich ihm auf ihre jeweils ganz eigene Weise anzunähern. Ablehnung oder große Angst am Ende sind extrem selten, sie kommen fast gar nicht vor. Was hat noch Papst Johannes gesagt? ‚Meine Taschen sind gepackt, und ich bin ruhigen Herzens jederzeit bereit zu gehen.' Irgendwie ist das genau das, was wir hier versuchen: den Menschen dabei zu helfen, ihre Taschen mit dem zu packen, was ihnen etwas bedeutet, und bereit zu sein."

„Was ist dabei Ihrer Meinung nach das Wichtigste?"

„Die Überzeugung, dass sie nicht in Sinnlosigkeit sterben werden. Es ist das Gefühl, das eine junge Frau fähig machte, mich zu bitten: ‚Sagen Sie meiner Familie, dass *alles gut* war.'

Natürlich kann man diese Gelassenheit den Patienten nicht einfach so vermitteln. Man muss ihnen dabei helfen, sie sich zu erarbeiten."

Ich sagte, dass ich viele Besucher gesehen hätte, darunter auch jede Menge Kinder. Die Ärztin nickte. „Besuch ist unglaublich wichtig", sagte sie. „Er gibt den Patienten das Gefühl, dass sie immer noch dazugehören, dass den Menschen noch etwas an ihnen liegt. Wir haben hier keine offiziellen Besuchszeiten, sondern jeder kann kommen, wann er möchte. Wir haben spezielle Räume, in denen die Patienten Besuch empfangen können. Besonders gern haben wir es, wenn auch Kinder zu Besuch kommen, weil wir uns selbst als eine Gemeinschaft betrachten, und dazu gehören auch Kinder. Außerdem erinnern sie daran, dass das Leben weitergeht."

„Können Patienten auch wieder nach Hause gehen?"

„Oh ja. Manche können noch für Wochen oder gar Monate nach Hause. Ungefähr die Hälfte unserer Patienten ist sogar ständig zu Hause. Die Pflege zu Hause kann absolut richtig, aber auch absolut falsch sein, das hängt von den Umständen ab. Ich erinnere mich an einen Fall, wo Mitarbeiter zu einer jungen Frau gerufen wurden, deren Schmerzen so außer Kontrolle geraten waren, dass sowohl sie selbst als auch ihre Familie schon in Erwägung gezogen hatten, dem selbst ein Ende zu setzen.

Sie wurde von da an intensiv von uns betreut und verbrachte den größten Teil des nächsten Jahres als ambulante Patientin zu Hause, ohne Schmerzen und in der Lage, sich am Leben zu erfreuen, zu kochen, sogar für ihre Familie einkaufen zu gehen und sich um ihre drei Kinder zu kümmern. Erst die letzten paar Wochen ihres Lebens war sie ganz friedlich bei uns im Hospiz. Und sie sagte in dieser Zeit unter anderem: ‚Die Kinder sind jetzt ein Jahr älter.'

Wir wissen, dass diese Familie noch einmal ganz neu angefangen hat zu leben, weil der Mann dieser Frau sich mit uns in Verbindung gesetzt hat. Sie können sich bestimmt vorstellen, wie anders das alles gelaufen wäre, wenn sie nur das Elend und die Schuldgefühle in Erinnerung behalten hätten, weil sie etwas aus Verzweiflung getan hätten."

Ich fragte diese höchst ungewöhnliche Frau: „Welchen Rat würden Sie Menschen geben, die jemanden lieben, der schwer oder sogar todkrank ist?"

„Ich würde sagen: Versuchen Sie, keine Angst vor dem Tod zu haben, oder wenn Sie welche haben, sich nicht von der Situation beherrschen zu lassen. Lassen Sie nicht zu, dass solche Ängste Sie dazu bringen, sich von dem kranken Menschen abzuwenden oder ihn zu verhätscheln oder ihn mit übertriebener Vorsicht zu behandeln, um ihn zu schonen. Sterbende haben fast immer mehr Mut und gesunden Menschenverstand, als man ihnen zutraut. Die meisten von ihnen werden hervorragend mit Widrigkeiten fertig."

„Und gibt es sonst noch etwas?"

„Ja, ich würde der Familie raten, engen Kontakt mit dem Arzt zu halten und ihn auch wirklich zu rufen, wenn sie ihn braucht. Ich würde darauf drängen, jeden Tag mit dem Menschen zu verbringen, der sie bald verlassen wird. Sie sollten ihm erzählen, was in der Familie und am Wohnort so los ist, und ihn auch um Rat fragen. Ich würde ihnen empfehlen, sich nicht zu viele Gedanken darüber zu machen, was sie sagen sollen und was lieber nicht. Liebe braucht keine Worte; eine Berührung oder ein Blick genügt schon. Ich würde sie daran erinnern, dass eine tödliche Krankheit zwar wie ein großes Unglück erscheinen mag, aber der Patient vielleicht nur durch dieses Unglück den Sinn im Rest seines Lebens entdeckt. Nur dadurch hat er die Zeit und die Ruhe, über all das nachzudenken, was ihm während seines ganzen Lebens gesagt worden ist, was er aber nicht annehmen konnte, weil er immer zu beschäftigt oder innerlich abwesend war.

Und schließlich würde ich ihnen sagen, dass sie wahrscheinlich einige schwere Momente vor sich haben, in denen Schmerz und Angst und Ablehnung herrschen. Aber wenn diese Dinge sich in Annahme verwandelt haben, wird eine fast strahlende Freude hervorkommen."

Als ich das Hospiz verließ, kam ich an dem Fenster vorbei, das einen Ehrenplatz hat: dem Fenster, das vor langer Zeit von dem sterbenden jungen Mann gestiftet worden war. Ich erinnerte mich daran, was die Ärztin gesagt hatte, als ich mich für das Gespräch bedankte: „Vielleicht sind wir in gewisser Weise Pioniere auf diesem Gebiet der Medizin, aber wir sind nicht die einzigen. Immer mehr Menschen arbeiten daran. Immer mehr Kliniken wird klar, dass der Tod nicht nur das Ende des Lebens ist, sondern ein Teil davon, der es wert ist, ihn gut zu bewältigen; ein Akt, bei dem Menschen Hilfe brauchen."

Der Tag draußen war ruhig und hell. Auf der gegenüberliegenden Straßenseite waren Tennisplätze, auf denen gespielt wurde. Ich zögerte, weil mir klar war, dass die Patienten aus den Fenstern des Hospizes diese Manifestation von Leben und Gesundheit betrachten konnten, während sie mit Mut und Würde ihre Rolle in dem ebenso stillen wie großartigen Drama des Todes spielten. Mir kamen unwillkürlich folgende Worte des englischen Dichters Percy Bysshe Shelley in den Sinn:

Death is the veil which those who live call life.
They sleep, and it is lifted.

Der Tod ist der Schleier, den die Lebenden Leben nennen.
Sie schlafen, und er wird gelüftet.

Vielleicht stimmt das, dachte ich, *vielleicht stimmt das*. Und ich ging, seltsam ermutigt, weiter durch den stillen Nachmittag.

Heimgegangen

Die ganze Nacht hindurch hatte die silberne Hand des Mondes das Meer sanft ansteigen lassen, sodass es jetzt bei Sonnenaufgang die Strände überflutete, mit rasender Geschwindigkeit die Flüsse und Meeresarme hinauflief und die riesigen grün-braunen Sumpfgrasflächen überflutete. An den Küsten von Georgia sind diese starken Fluten im Herbst bekannt als Sumpfhuhn-Fluten, weil nur in dieser Zeit die scheuen und wachsamen Küstenvögel aus ihren Verstecken aufgescheucht werden können. An diesem hellen Oktobermorgen mit einem warmen Ostwind, der vom Meer her kam, hatte ich meinem Freund Jim versprochen, mit ihm Sumpfhühner jagen zu gehen.

„Sei um sieben am Dock", hatte ich ihm gesagt. „Wenn die Flut hoch genug ist, dann versuchen wir es."

Eigentlich war es nur eine sentimentale Geste. Jim und ich hatten unsere Kindheit gemeinsam auf der Halbinsel vor der Küste verbracht und waren damals unzertrennlich gewesen. Barfuß, braun gebrannt, mit ungekämmten Haaren hatten wir geangelt, waren schwimmen gegangen, hatten mit Netzen Shrimps gefangen, Schildkröteneier gesucht und Krebse an der Straße verkauft, während die Sommertage aufeinanderfolgten wie Perlen auf einer goldenen Schnur. Dann hatten wir an unterschiedlichen Orten studiert und schließlich Jobs bekommen. Es folgten Jahre der Trennung, bis Jim eines Tages plötzlich wieder da war. Aus gesundheitlichen Gründen musste er kürzertreten und sich nach einem weniger anstrengenden Job umsehen. Außerdem, so sagte er, sei er ohne den Geruch von Salzwasser in der Nase eigentlich nie richtig glücklich gewesen.

Ein oder zwei Mal im Jahr lud ich ihn seitdem ein, mich in meinem kleinen Boot mit Außenbordmotor zu begleiten. Wir angelten in der Brandung, fuhren die gewundenen Flussläufe und Bäche hoch oder wanderten an den endlosen Stränden entlang. Wenn wir so unterwegs waren, war es, als würde die Zeit zurückgedreht, und wir wären wieder Kinder, die sich so nah waren wie früher, mit demselben ungezwungenen Humor und der totalen gegenseitigen Annahme. Wenn gemeinsame Kindheitserlebnisse wirklich tief und prägend waren, gibt es so etwas tatsächlich hin und wieder.

Als ich jedoch an diesem Morgen zum Dock fuhr, empfand ich ein leises, unerklärliches Unbehagen. Ich sagte mir, dass das wahrscheinlich an meinem schlechten Gewissen lag: Ich konnte es mir nämlich eigentlich zeitlich gar nicht leisten, auf Sumpfhuhnjagd zu gehen, denn ich hätte an diesem Morgen Dutzende dringendere Dinge erledigen müssen. Ich sagte mir jedoch, dass ich ja im Laufe des Vormittags wieder zu Hause sein würde, und außerdem hatte ich es Jim versprochen.

Er wartete bereits an unserem Treffpunkt auf mich, als ich ankam. Er unterhielt sich mit Andy, dem alten Wärter am Dock, der schon über 80 war, aber immer noch besser mit dem Netz umgehen konnte als jeder andere Mensch, den ich kenne. Jim lächelte, als ich auf ihn zukam, die ausgefranste Kappe auf den Hinterkopf zurückgeschoben. Mir kam der Gedanke, dass die Jahre zwar vieles an einem Mann verändern können, aber nicht sein Lächeln und seinen Blick. Er zeigte auf das Gewehr, das ich bei mir hatte, ein kleines, leichtes, das eher wie ein Spielzeug als wie eine Waffe aussah. „Nur ein Gewehr heute?"

Es hatte einen guten Grund, dass ich Jim das Schießen überlassen wollte. Für denjenigen, der das Boot manövriert, ist die Sumpfhuhnjagd eine anstrengende Angelegenheit. Das Motorgeräusch ist zu laut, also muss man paddeln, rudern oder das Boot staken. Auf jeden Fall muss man sich möglichst geräuschlos fortbewegen und das manchmal auch noch gegen die Strömung und den Wind und durch unbeugsames Schilf. Jim wäre rein körperlich zu einer solchen Anstrengung gar nicht in der Lage gewesen und dadurch gab es eine seltsame Umkehrung der Rollen im Vergleich zu früher. In unseren Tom-Sawyer-und-Huckleberry-Finn-Tagen war nämlich Jim, der Ältere von uns beiden, der Stärkere gewesen und hatte auf mich aufgepasst.

Andrew hielt das Boot fest, während wir einstiegen. Das Gebiet, wo wir jagen wollten, war ungefähr acht Kilometer entfernt, weit unten bei den einsamen Stränden am Riff. Dort wuchs an manchen Prielufern das Sumpfgras sehr hoch, und genau dort würden wir die Vögel finden. Mit Vollgas würden wir es in einer Viertelstunde bis dorthin schaffen – vielleicht sogar noch schneller, wenn die Flut hoch genug stieg, um die Abkürzung durch die Sümpfe nehmen zu können.

Jim saß mit dem Blick nach vorn, die Schultern ein wenig eingezogen, und ich wusste, dass jeder Orientierungspunkt, der vorbeisauste, bei ihm die gleichen Erinnerungen wachrief wie bei mir. Die Stelle, an der wir damals den großen Hammerhai an Land gezogen hatten; die Klippe, an der wir das Skelett eines Indianers gefunden hatten; die Pinie, in der die Fischadler ihren Horst hatten. Es war, als würde man durch ein umgedrehtes Teleskop schauen; alles war ganz klar und winzig und weit weg. Jetzt waren wir beide mittleren Alters und hatten uns verändert, aber die wechselnden Muster des Meeres und des Himmels waren unverändert geblieben, ebenso wie der Rhythmus der Gezeiten. Und dafür war ich sehr dankbar.

Endlich kamen wir zu den grünen Schilfkorridoren, die wir gesucht hatten. Die Vögel mit den langen Schnäbeln flogen auf, das kleine Gewehr kläffte, das Geräusch erschien unter dem gewaltigen Himmel flach und leise. Er schoss gut an diesem Morgen, mein Freund Jim. Selbst nach vielen Jahren ohne Übung zielte er nur ganz selten daneben. Nach jedem Schuss bedrängte er mich, doch auch einmal zu schießen, aber jedes Mal lehnte ich ab. Ich könne doch jederzeit jagen, sagte ich.

Die Sonne brannte inzwischen heiß auf uns herunter, und es war Schwerstarbeit, das Boot zu manövrieren. Ein paarmal stieg ich aus dem Boot in das salzige, klare Wasser, um einen erlegten Vogel zu holen, nur weil die salzige Kühle so verlockend war. Schließlich machte ich schnaufend und klatschnass halt, um mich auszuruhen. Die Flut ging jetzt zurück; die grünen Salzwiesen kamen wieder zum Vorschein; es wurde langsam Zeit für den Rückweg. Irgendwo hoch über uns stieß eine Möwe ihren heiseren Schrei aus, und ich erinnerte mich, wie wir uns als Kinder immer mit einem ganz bestimmten Pfiff gegenseitig herbeigerufen hatten.

„Wir haben einen guten Tag gehabt", sagte ich.

Er lächelte und nickte. „Einen der besten."

„Bist du so weit? Können wir zurückfahren?"

„Noch nicht ganz", sagte er. „Du hast noch keinen einzigen Schuss abgegeben." Und er zeigte auf eine Ecke mit hohem Sumpfgras. „Ich glaube, ich habe da hinten einen Vogel schwimmen sehen. Nimm du das Gewehr und lass mich paddeln. Ich bin unglücklich, wenn du es nicht machst."

Ich wollte nicht, dass irgendein negatives Gefühl diesen perfekten Morgen trübte, und sagte deshalb: „Aber dann mach bitte langsam und überanstrenge dich nicht!"

Wir überquerten den schimmernden Streifen Wasser, ich beugte mich vor, das Gewehr im Anschlag, aber nichts rührte sich im Gras. „Der Vogel muss schon weg sein", sagte ich. Und dann drehte ich mich aus irgendeinem Grund um. *„Jim!"*

Er war ganz still nach vorn auf den Boden des Bootes gekippt. Seine rechte Hand hielt immer noch das verwitterte Ruder umklammert. Ich griff nach seinem Handgelenk. Wenn er noch einen Puls hatte, dann war er so schwach, dass ich ihn nicht fühlen konnte. In der plötzlichen gewaltigen Stille schien die Zeit stehen zu bleiben, sie dehnte sich ins Unendliche aus, nur um dann wie ein Gummiband wieder zurückzuschnellen. In diesem einen Augenblick hatte sich alles verändert, aber ich spürte dennoch keine Panik oder fühlte mich verzweifelt oder allein. Es war, als ob die Nähe, die wir zueinander empfunden hatten, zu stark gewesen war, um sie so schnell auszulöschen. Ja, es war beinah so, als würde Jim zu mir sagen: „Ja, es war ein Herzinfarkt; das Risiko war ja immer vorhanden, aber lass dich dadurch nicht aus der Ruhe bringen. Wir sind zusammen hier herausgekommen. Wir hatten einen unglaublich guten Tag. Und jetzt kommen wir zusammen wieder zurück."

Ich zwang mich, das Gewehr zu entladen, und legte dann vorsichtig ein Kissen unter Jims Kopf. Der Motor sprang beim zweiten Startversuch an und das Boot schoss nach vorn wie ein Pfeil aus dem Bogen. Ich steuerte mit der linken Hand. Mit der rechten hielt ich Jims Handgelenk, immer noch in der Hoffnung, vielleicht ein Aufflackern des Pulses zu spüren. Ich musste die Kanäle vor mir im Auge behalten, aber hin und wieder schaute ich auf ihn hinunter. Die Farbe wich immer mehr aus seinem Gesicht, aber es blieb das intensive Gefühl, dass Jim selbst, seine Persönlichkeit, immer noch da war.

Das Boot vibrierte unter der vollen Kraft des Motors. Die stille Sonne brannte auf uns herunter, und die aufgescheuchten

Fischreiher flogen auf, während ich das Boot durch die großen Hufeisenkurven lenkte, vorbei an einsamen Sand- und Austernbänken. Ich wusste fast auf die Sekunde genau, wie lange es dauern würde, das Dock zu erreichen – und ein Telefon.

Aber diese seltsame Zeitüberschneidung von Vergangenheit und Gegenwart schien irgendwie anzudauern. Wir befanden uns zwar hier in dem kleinen Boot, doch gleichzeitig waren wir auch unbeschwerte Kinder, die in einem alten Ruderboot mit einem Bambusmast und selbst gemachtem Segel durch dasselbe Oktobersonnenlicht nach Hause glitten. Es war alles aus demselben Stoff, ein nahtloses Stück. Ein Teil meines Denkens war immer noch erfüllt von Schock und Ungläubigkeit, aber ein anderer Teil, der ruhig war und das Ganze akzeptierte, bedauerte nichts. So hätte Jim es sich gewünscht: keine Ärzte, keine Krankenhäuser, keine Angst, keine Schmerzen – nur einfach ein plötzlicher, großer Schritt über die Linie.

Wo Leben und Tod so unerwartet nebeneinanderstanden, verschoben sich die Werte, und ich sah bestimmte Dinge eindeutig und klar: dass es richtig gewesen war, das zu riskieren, was wir riskiert hatten. Dass der Maßstab für das Leben nicht das Anhäufen von Geld oder Macht oder Ansehen ist – sondern Gemeinschaft und Erfüllung und Bewusstheit. Dass die Intensität der Bewusstheit das größte aller Geschenke ist. Und dass sich deshalb nie jemand dafür schuldig fühlen durfte, dass er nach Orten oder Erfahrungen suchte, wo diese Bewusstheit vielleicht zu finden war. Wenn überhaupt irgendwo, dann lag Schuld darin, nicht eifriger und häufiger nach ihnen zu suchen – denn niemand hat unbegrenzt Zeit.

Vor mir zeichnete sich jetzt das Ufer ab. Ich schaute noch einmal auf das blasse Gesicht neben mir hinunter, und plötzlich war ich allein. Das Boot fuhr weiter durch die wirbelnde

Strömung, meine Hand hielt immer noch sein Handgelenk, aber Jim war gegangen. *Wohin?*, fragte ich mich in einer Art von plötzlichem Entsetzen. *Wohin ist er gegangen?* Und ich bekam keine Antwort.

Ich stellte den Motor ab und warf Andrew ein Tau zu. Er sah ins Boot hinein und dann mich an, seine alten Augen geduldig und weise. Mit seiner freien Hand nahm er den Hut ab. „Er ist gegangen", sagte er ernst und behutsam. „Er ist heimgegangen."

Ich schaute über das Wasser zu der Linie hin, wo die Sümpfe und der Himmel sich trafen, und erst jetzt spürte ich, wie mir die Kehle eng wurde und Tränen in meinen Augen brannten. „Ja", sagte ich, „das stimmt. Er ist jetzt zu Hause."

Epilog

Es gibt auf der ganzen Welt nicht genug Dunkelheit, um das Licht einer einzigen, kleinen Kerze auszulöschen...

Diese Inschrift wurde während des Zweiten Weltkriegs nach einem verheerenden Luftangriff auf einem kleinen, neuen Grabstein in England gefunden. Manche meinten, es wäre ein berühmtes Zitat, aber das stimmte nicht. Die Worte stammten von einer einsamen, alten Dame, deren Haustier bei dem Bombenangriff umgekommen war.

Ich habe diese Worte immer in Erinnerung behalten; gar nicht so sehr, weil sie so poetisch und anschaulich sind, sondern wegen der Wahrheit, die sie enthalten.

In Augenblicken der Mutlosigkeit, der Niedergeschlagenheit oder gar der Verzweiflung gibt es immer bestimmte Dinge, an die man sich klammern kann. Normalerweise sind das ganz kleine Dinge: die Erinnerung an ein Lachen, das Gesicht eines schlafenden Kindes, ein Baum im Wind – ja, eigentlich jede Erinnerung an etwas tief Empfundenes oder sehr Geliebtes.

Niemand ist so arm, dass er nicht viele solcher kleiner Kerzen hätte. Wenn sie angezündet werden, verschwindet die Dunkelheit... und was bleibt, ist ein stilles Staunen.

Verlagsgruppe Random House FSC® N001967
Das für dieses Buch verwendete FSC®-zertifizierte Papier *EOS*
liefert Salzer, St. Pölten.

Die amerikanische Originalausgabe erschien im Verlag
Fleming H. Revell, a division of Baker Publishing Group,
unter dem Titel „Wonder. Moments that keep you falling in love with life".
© Dana Gordon Lane and Sherry Minnich
© der deutschen Ausgabe 2008 by Gerth Medien GmbH
© der Jubiläumsausgabe 2014 by Gerth Medien GmbH, Asslar
in der Verlagsgruppe Random House GmbH, München

Die Bibelzitate wurden, sofern nicht anders angegeben,
den folgenden Bibelübersetzungen entnommen:
– Gute Nachricht Bibel, revidierte Fassung, durchgesehene Ausgabe in neuer
  Rechtschreibung, © 2000 Deutsche Bibelgesellschaft, Stuttgart (GN)
– Lutherbibel, revidierter Text 1984, durchgesehene Ausgabe in neuer Rechtschrei-
  bung, © 1999 Deutsche Bibelgesellschaft, Stuttgart (LÜ 84)

1. Auflage der Jubiläumsausgabe 2014
Bestell-Nr. 816950
ISBN 978-3-86591-950-2

Umschlaggestaltung: Hanni Plato
Umschlagfoto: Masterfile
Satz: Uhl + Massopust, Aalen
Druck und Verarbeitung: GGP Media GmbH, Pößneck
Printed in Germany